ESCOLA SEM SALA DE AULA

RICARDO SEMLER
GILBERTO DIMENSTEIN
ANTONIO CARLOS GOMES DA COSTA

ESCOLA SEM SALA DE AULA

PAPIRUS 7 MARES

Capa	Fernando Cornacchia
Foto de capa	Rennato Testa
Coordenação	Beatriz Marchesini
Gravação de áudio	Studium PA
Transcrição	Nestor Tsu
Edição	Adson Vasconcelos
Diagramação	DPG Editora
Revisão	Ademar Lopes Jr., Solange F. Penteado e Taís Gasparetti

Dados Internacionais de Catalogação na Publicação (CIP)
(Câmara Brasileira do Livro, SP, Brasil)

Semler, Ricardo
    Escola sem sala de aula/Ricardo Semler, Gilberto Dimenstein,
Antonio Carlos Gomes da Costa. – 3ª ed. – Campinas, SP: Papirus
7 Mares, 2010. – (Coleção Papirus Debates).

ISBN 978-85-61773-18-2

1. Educação – Finalidades e objetivos 2. Escolas – Aspectos
sociais I. Dimenstein, Gilberto. II. Costa, Antonio Carlos Gomes da.
III. Título. IV. Série.

10-12028   CDD-371.621

Índice para catálogo sistemático:

1. Escola sem sala de aula: Educação   371.621

3ª Edição – 2010
5ª Reimpressão – 2020
Livro impresso sob demanda – 80 exemplares

Exceto no caso
de citações, a
grafia deste livro
está atualizada
segundo o Acordo
Ortográfico da
Língua Portuguesa
adotado no Brasil
a partir de 2009.

Proibida a reprodução total ou parcial da obra de acordo com a lei 9.610/98.
Editora afiliada à Associação Brasileira dos Direitos Reprográficos (ABDR).

DIREITOS RESERVADOS PARA A LÍNGUA PORTUGUESA:
© M.R. Cornacchia Editora Ltda. – Papirus 7 Mares
R. Barata Ribeiro, 79, sala 316 – CEP 13023-030 – Vila Itapura
Fone: (19) 3790-1300 – Campinas – São Paulo – Brasil
E-mail: editora@papirus.com.br – www.papirus.com.br

SUMÁRIO

PRÓLOGO 7

A Lumiar 10

"Não quero fazer nada" 17

Paideia 20

Um ser humano completo 23

Tempo de concentração 27

Outros mecanismos 31

A galáxia de Gutenberg 36

Modelo dual 41

Desprogramando pessoas 46

Aprender a aprender 55

A escola na rua 62

Sofisticação das normas 64

Combinou? Está combinado! 68

Projeto de vida 71

O que ensinar para quem 81

Protagonismo 86

Arco e flecha 92

Responsabilidade social 97

Como você aprende? 105

Repetente 110

Mas o que é uma escola forte? 116

Poema pedagógico 121

A infância feliz da humanidade 125

GLOSSÁRIO 130

N.B. Na edição do texto foram incluídas notas explicativas no rodapé das páginas. Além disso, as palavras em **negrito** integram um **glossário** ao final do livro, com dados complementares sobre as pessoas citadas.

PRÓLOGO

Gilberto Dimenstein

Em todo o mundo, os jornalistas estão confusos, inseguros, sem saber ao certo como atingir o leitor, o espectador, o ouvinte. A chamada *era da informação* é também a era da confusão. Até algum tempo atrás, os comunicadores tinham fôlego para se adaptar às novidades tecnológicas de transmissão de dados. As pessoas se informavam basicamente pelos jornais e pelos livros. Depois veio o rádio, e demorou muito tempo para surgir a televisão. Demorou menos para surgir a televisão por assinatura e menos ainda até a Internet se popularizar. Ainda não sabemos como lidar com tanta informação transmitida ao mesmo tempo, de tantos lugares diferentes, numa escala planetária, e já estamos nos preparando para o impacto da televisão digital, com suas inúmeras possibilidades. Como agarrar o leitor, o espectador ou o ouvinte em meio a tanta oferta? Se os comunicadores, treinados para lidar com a velocidade da informação, estão perplexos, imagine o restante da população.

Os grandes inovadores da educação do século XX – isso para não ir mais longe e voltar até a Grécia e Roma – pregavam a educação para a vida, propondo currículos e métodos voltados ao aprendizado com significado, numa ofensiva contra a ditadura curricular. Pregavam o foco no aluno, encarado não como espectador, mas na qualidade de ator. Viam o papel do professor como o de um facilitador de curiosidades, uma ponte para os alunos, ligando-os à vida e aos saberes das ciências, das artes, da filosofia, da história, da língua.

As propostas desses educadores e psicólogos foram incorporadas ao discurso da pedagogia, mas, na prática, as escolas geralmente são orientadas pelo currículo e o conhecimento é medido em testes, numa sistematização do passado com pouca vocação à experimentação como método essencial de aprendizado. O atual ritmo de produção de conhecimento fez com que essas escolas estivessem ainda mais sujeitas à obsolescência e tornou o princípio de valorização do aluno como produtor de conhecimento ainda mais imprescindível.

O mundo real, fora da escola, não valoriza quem sabe fazer testes com base na memorização mecânica. Valoriza os criativos, os ousados, os empreendedores, aqueles que são capazes de aprender sempre e em qualquer lugar, integrados a comunidades de aprendizagem.

Neste livro, três profissionais que percorreram diferentes trajetos discutem algumas propostas para esses novos paradigmas de aprendizado, expondo suas experiências com educação de crianças e jovens. Ricardo Semler, empresário mundialmente conhecido pelas inovações nos métodos gerenciais, centrados no conhecimento, desenvolve a experiência da Escola Lumiar, onde o aluno faz o seu currículo e escolhe como usar seu tempo. Antonio Carlos Gomes da Costa, pedagogo, um dos mais influentes pensadores da educação brasileira, aventurou-se em cuidar de meninas em situações de risco em Ouro Preto. Eu, jornalista, participo do projeto bairro-escola, que busca transformar uma região de São Paulo numa escola a céu aberto, de modo que qualquer lugar – uma oficina mecânica, um ateliê, um beco – possa ser um espaço de aprendizado.

Mesclam-se as visões do pedagogo, do jornalista e do empresário, todos, porém, trabalhando com educação. Estamos ancorados na ideia da *escola sem sala de aula* que, quebrando a geografia educacional, estimula os alunos a lidar com as demandas contemporâneas. Logo, o aprendizado, como atividade cotidiana de todos, deve se integrar a uma comunidade de produtores de saberes e fazeres, conectando as várias áreas de conhecimento.

A Lumiar

Gilberto Dimenstein – Semler, você se notabilizou mundialmente por ter lançado um novo sistema de gestão no mundo empresarial e agora está desenvolvendo uma experiência educacional em uma escola que repensa a sala de aula. Como é essa escola?

Ricardo Semler – Nossa escola se chama *Lumiar*. Lá, não há salas de aula do tipo que as pessoas estão acostumadas a encontrar nas escolas. Há salas grandes e as crianças, de diferentes idades, estão misturadas. Passamos três anos elaborando o projeto, buscando criar algo novo que não fosse totalmente empírico, experimental. Então, primeiro, formamos um grupo de 21 pessoas, com a Helena **Singer** – que é uma socióloga interessada na área de educação –, e fomos pesquisar o que já existia. Visitamos mais de 200 escolas, foram longas visitas, tentando entender como funcionava cada uma. Fomos a algumas universidades que acompanham o que acontece pelo mundo afora. Por exemplo, quando conversei com o Howard **Gardner**, em Boston, na Harvard School of Education, ele me disse: *Tudo o que é interessante em educação mais cedo*

Singer

Gardner

ou mais tarde passa aqui, por essa mesa. Não sei se é exatamente assim, mas a verdade é que lá havia pilhas e pilhas de documentos e ele disse: *Olhe aqui, escolas do Japão, de Israel, o que você quiser.* Perguntei: *O que tem de novo?* E falou-se em Seymour **Papert**, **Mintzberg**, pessoas que estão prestando atenção no que há de novo. Aliás, hoje, Papert e Mintzberg estão no Conselho da nossa escola, junto com Paulo Renato **Souza**, Fernando de **Almeida** e Cristovam **Buarque**, entre outros. E, assim como nós, pesquisadores de várias partes do mundo também concluíram que a escola atual está obsoleta. E o que vem no lugar dela? O que mais me chamou a atenção foi que, aparentemente, não existe uma técnica ou uma tecnologia que permita transmitir o conhecimento acumulado da humanidade para crianças livres. Não encontramos isso em nenhum lugar. Há escolas ou mecanismos que permitem socializar a criança e mesmo criá-las para a cidadania. Há algumas escolas democráticas – pouco mais de duzentas no mundo – em que as crianças têm liberdade, mas onde, pelos padrões atuais, pelos padrões aceitos, aprendem muito pouco de conteúdo formal. Parece que não há, em lugar nenhum,

Papert

Mintzberg

Souza

Almeida

Buarque

crianças que realmente aprendam muito e que sejam livres. Ou, ao menos, não encontramos em nossa busca. E se o pressuposto é o de que estamos passando para a tal da *era do conhecimento* (e, talvez, para a era da sabedoria, que poderia vir a seguir), pergunta-se: Que tipo de escola prepara crianças para isso e qual é a questão fundamental para que elas aprendam? E eu respondo: provavelmente, o âmbito da liberdade. Ou seja, se não houver liberdade para buscar suas próprias respostas, construir seu próprio conhecimento, a criança não vai a lugar nenhum. E essa liberdade não existe. E parece que tampouco existem escolas que tenham tecnologia para ensinar com liberdade. Então, nós nos interessamos por esse nicho, quer dizer, foi assim que começou. Passamos três anos estudando e nos perguntando: *Se esse professor está obsoleto e não se transmite sabedoria, como é que, com foco no conhecimento, nós vamos desenhar algo novo?* O desenho final ao qual chegamos para o começo do trabalho foi dividir a função do professor em duas. Na Lumiar, procuramos duas pessoas muito diferentes: um tutor à antiga, que seja um guia, que sirva de ponto de apoio – com conhecimentos nos ramos da psicologia, da sociologia, da antropologia – e que, ao mesmo tempo, seja uma figura tribal. Transmitimos informação ancestral, passando essa sabedoria – normalmente com os mais velhos, com a mãe – de uma forma tribal. Então, essa figura é uma só. E a esta figura chamamos de tutor, mas houve muitas reclamações e, por fim, decidimos chamá-la apenas de educador. Esse educador trabalha com 12 alunos. Essas 12 crianças estão sob a guarda, sob a esfera de influência de um adulto. Esse adulto, o educador, é responsável por apoiar, por entender e por saber onde elas estão naquele momento de vida e na escola. Nós dizemos que se cada um desses educadores não tiver passado 15 minutos sozinho com uma criança debaixo da jabuticabeira todo dia...

GD – Debaixo do quê?

RS – Da jabuticabeira. Todo dia, se não houver muitas crianças no colo desses educadores em algum momento, é porque alguma coisa não está funcionando. Essa era a primeira função que identificamos e criamos. A segunda função era a de achar um jeito de transmitir o conhecimento acumulado da humanidade ou, pelo menos, de deixar isso à disposição das crianças, de expor. Então, criamos para a nossa escola a figura do mestre. Depois de muita discussão, em duas reuniões por semana durante três anos com 21 pessoas, chegamos a duas características fundamentais: que fosse um *expert* em alguma coisa e que fosse apaixonado. Se a pessoa tivesse essas duas características, estaria aprovada como mestre. Quanto à didática, à capacidade de fazer as crianças se interessarem, procuramos resolver isso com outro mecanismo: desobrigamos as crianças de ir à aula. Isso porque partimos do pressuposto de que o momento de conhecimento sólido, ou seja, do que tem permanência ou valor residual, é aquele em que a criança, naquele momento, está interessada e em que há alguém apaixonado do outro lado. E o conhecimento que se forma nesse momento, dessa junção, que é quase uma sinapse de dois seres, esse sim tem valor. Afinal, como é que vamos saber se a criança está interessada se nós a mandamos sentar lá por 45 minutos? Na Lumiar, partimos do pressuposto de que ela tinha de estar na escola por uma série de razões, além das legais, sociológicas e tribais. Mas para ir à aula, à atividade, "ao curso", naquele momento, isso podia ser livre. Desse modo, o encargo é transferido à instituição e aos mestres. Começamos a ter experiências extraordinárias. Por exemplo, há uma professora de química da USP[1] que dá aula de culinária, porque a área de paixão dela é essa. Então ela quer dar química via culinária. Como também dá matemática via culinária. Porque ela diz para crianças de três ou quatro anos: *Me dê metade do açúcar*. No outro dia ela pede: *Me dê um terço do sal*. Ela está dando uma aula de matemática que, em sala de aula, não conseguiria que a criança entendesse. Muitas vezes o mestre tenta reunir as crianças e não consegue. Depois de algum tempo ele diz: *Todo mundo ficou aqui dez, quinze minutos, e depois foi embora*. Então nos perguntamos: *Será que é um problema de concentração genérico das gerações?* Começamos a imaginar do que as crianças gostariam. E, em geral, erramos redondamente. Por exemplo, num dia em que eu estava assistindo à dinâmica da escola, havia dois

---

1. Universidade de São Paulo.

mestres concomitantes: de um lado, um contando lendas e cantando músicas que as crianças conheciam, com violão, tudo lindo, e, do outro lado, Cecília Saito, doutora em semiótica, que estava lá com a paixão dela, que é dobradura japonesa, o *origami*. Pensamos: *Semiótica, origami, isso não vai dar certo*. Das 25 crianças, 22 foram fazer *origami* e, depois de duas horas e meia, elas ainda estavam entretidas na atividade. Sabemos muito pouco sobre o que as crianças realmente querem. Na Lumiar temos mestres circenses, violinistas, carpinteiros, economistas, matemáticos. Criamos uma outra entidade, que rapidamente tornou-se necessária, o *Instituto Lumiar*, que ia desenhar o que chamamos de mosaico. Em resumo, o mosaico é uma forma de desenhar a tecnologia que permita a esses mestres passarem o conhecimento acumulado para as crianças.

Picasso

Então, chegamos a um determinado número de peças do mosaico, composto pelo conhecimento ao qual uma criança dos 2 aos 18 anos deve ser exposta. Aquilo que compõe o que nós, como tribo, ideologicamente consideramos fundamental transmitir às crianças. Afinal, seria ingênuo dizer que não há pressuposto ideológico no ensino. Por exemplo, é necessário ensinar o cubismo? Só **Picasso** ou também Georges **Braque** e Juan **Gris**? Até onde precisamos ir? Então, chegamos

Braque

Gris

a uma conclusão: não poderemos terminar isso nunca, é perenemente dinâmico. O mosaico inclui aprender a ler e escrever, matemática básica e tudo que consta nos Parâmetros Curriculares Nacionais. Nosso trabalho é expor as crianças a isso tudo. Contudo, tentar expor com um mestre que vai lá e diz: *Olha, gente, vem cá, deixa eu contar pra vocês sobre Carlos Magno* – seria muito difícil. É preciso encontrar um jeito novo, talvez lúdico, de fazer isso. Veja que interessante o caso do Pi (π), na matemática, que é de uma grande dificuldade de compreensão. Então pensamos em como redesenhar isso. Como a ideia é partir do interesse das crianças, resolvemos redesenhar o currículo do ponto de vista do que crianças gostam. Assim, temos hoje um curso de bicicleta. Na aula de bicicleta, vamos desenhar e montar uma bicicleta começando do zero. E para que a criança desenhe a roda, ela vai cair no danado do 3,1416 – π. Pode-se ensinar o π e ficar dez anos martelando, ela decora e repete, mas não sabe usá-lo. Porém, se ela quiser mesmo desenhar uma roda de bicicleta, pela primeira vez o π é um instrumento. A gente faz isso com bicicleta, aula de moda e por aí afora.

Magno

"Não quero fazer nada"

GD – Uma questão prática: e se chega um menino e diz – *Não quero fazer nada, quero ficar sentado aqui lendo. E aí?*

RS – A resposta é: *Por favor, sinta-se à vontade*. Tem mais do que isso até. A escola abre às sete horas da manhã e fecha às seis da tarde. Para os pais e os alunos, nós pedimos o seguinte: *Há um certo número de aulas e horas letivas, veja se vocês conseguem ficar dentro dos 75%, que não é muito – na verdade, 150 dias por ano com três horas – e está resolvido*. Antes de ir para lá, essas mesmas crianças ficavam uma média de 3:20 h nas suas escolas. A nossa média está em 7:25 h. Mas a criança fica o tempo que ela quiser e os pais trazem e levam a criança a hora que quiserem. E elas têm permanecido mais do que o dobro do exigido. É essa a resposta. Fizemos uma reunião com os pais recentemente, e um comentário unânime é que eles precisam montar estratégias para tirar as crianças de lá. A grande reclamação das mães é de multas da CET,[2] porque elas deixam o carro achando que vão conseguir pegar a criança e voltar rapidamente e, 20 minutos depois, levaram uma multa e não conseguiram sair com a criança, que diz

---

2. Companhia de Engenharia e Tráfego da cidade de São Paulo.

não lembrar onde está a mochila e corre em volta da casa. A resposta é a seguinte: a criança não precisa fazer nada. Na escola há *videogame*, por exemplo. Então, os que não fazem nada, normalmente jogam bola, sobem na casa da árvore e jogam *videogame*. Fizemos um acompanhamento de dois meninos que só queriam jogar *videogame*. Eles ficaram, de fato, uns dois meses só jogando *videogame*. Então, observamos os horários deles. Eles ficavam jogando, jogando e, em certo momento, paravam – sempre por volta de uma hora e meia depois – e davam três voltas correndo, chutavam bola e uns dez minutos depois retornavam e ficavam mais um período inteiro no *videogame*. E se as outras crianças tentavam entrar, eles achavam uma desculpa para não deixar, ou deixavam jogar um pouquinho e já retomavam a máquina. Num certo momento, uns dois meses depois (quando os pais já teriam colocado as crianças num internato e todo mundo já estaria estressado), os meninos descobriram que estavam dominando aquela máquina, aquele jogo. Então, quando passaram a ganhar repetidamente da máquina, eles começaram a reduzir o número de horas. Assim, o número de horas/dia no *videogame* diminuiu muito. Inicialmente, eles ficaram jogando bola e correndo, correndo e correndo. E, no final do terceiro mês, o problema deles já era outro: é que eles monopolizavam a biblioteca, porque já tinham acabado com a fase de *videogame*. Não existe criança que seja capaz de ficar um ano jogando *videogame* – esse temor de pais e professores é infundado. Hoje, eles jogam *videogame* de vez em quando, ficam meia hora, ou ficam uma hora, mas o fazer nada consistentemente, e a longo prazo, é impossível. A BBC[3] veio filmar a escola durante um dia inteiro e nenhuma das 50 crianças sequer chegou perto do *videogame* ou dos DVDs de filmes infantis.

---

3. British Broadcasting Corporation. Tradicional empresa de comunicação britânica.

Paideia

GD – Antonio Carlos, como você vê essa experiência de uma *escola sem sala de aula*?

Antonio Carlos Gomes da Costa – Olha, o artigo primeiro da LDB[4] brasileira atual, escrito pelo Darcy **Ribeiro**, estabelece que a educação abrange todos os processos formativos que se dão na família, no mundo do trabalho, nas instituições de ensino e de pesquisa, nos movimentos sociais, nos meios de comunicação e nas atividades culturais. Então nos perguntamos: *O que é uma escola sem sala de aula*? É a educação voltar a suas origens no Ocidente, que é a educação da Grécia, a *paideia*. Se olharmos a educação grega, a *paideia* não era aquilo que acontecia apenas no espaço da educação escolar. A educação grega era interdimensional. Havia a dimensão do *logos*, onde se estudava geometria, gramática, lógica, retórica, mas também havia o teatro grego, no qual os valores da sociedade eram transmitidos – a tragédia, a comédia –, onde era transmitida também a dimensão do *pathos*, a dimensão do sentimento, da educação sentimental. E havia

Ribeiro

---
4. Lei de Diretrizes e Bases da educação brasileira.

ainda a educação do corpo – a ginástica, feita no ginásio, os jogos olímpicos...

RS – A *ágora*[5] também, não é?

AC – A *ágora* era o espaço cívico, onde as pessoas se encontravam para tomar as decisões. Havia ainda o *mythos*, a dimensão do templo, onde se lidava com a questão do mistério: Onde estão os que viveram no mundo antes de nós? Como explicar a vida, a morte, o sofrimento? Portanto, a educação grega era interdimensional. E ela se dava em diversos espaços da vida social. Desenvolvia as dimensões do *logos*, do *eros*, do *pathos* e do *mythos* – ou seja, a dimensão da razão, a dimensão do desejo, a dimensão do sentimento e a dimensão da fé e da relação com o transcendente. A partir do Iluminismo, quando a burguesia chegou ao poder, a educação valorizou apenas o *logos*. As outras dimensões foram descartadas. O Iluminismo era um movimento da razão e uma razão a serviço dos poderes político, econômico e militar. E assim é até hoje. A razão serve muito aos poderes estabelecidos. Nesse sentido, quando surgiu a ideia da escola pública, laica, universal, gratuita e obrigatória, essa era uma escola iluminista. É como se o aluno fosse um cérebro. A expressão "aluno" significa "sem luz". Segundo essa concepção, não mandar o filho para a escola era um crime

---

5. Praça principal das antigas cidades gregas onde se instalava o mercado e se realizavam assembleias do povo.

chamado "abandono intelectual". Então, tudo estava relacionado ao cérebro e à mente. A educação na *paideia* – que era a educação grega primitiva, também adotada em Roma, e que se rompeu na Idade Média – era interdimensional, pois valorizava a razão, o sentimento, a corporeidade e o *mythos*, a fé. A escola hoje é unidimensional, pois valoriza apenas o *logos*. O que é o corpo dentro da escola hoje? Geralmente, para o corpo estão destinadas duas aulas de educação física, de cinquenta minutos cada, por semana. O que é o sentimento na escola? As relações são muito impessoais, estereotipadas, padronizadas. O que é a dimensão da religiosidade, da espiritualidade na vida escolar? Nas escolas, quando há aulas de ensino religioso, trata-se de algo residual dentro das disciplinas. A escola privilegia as enteléquias, privilegia o conhecimento abstrato, e não a concretude nem do corpo, nem das relações, nem dos espaços.

RS – A forma mais mesquinha disso tudo, hoje em dia, é preparar a criança para o famoso mercado de trabalho. Esse é o resíduo mais mesquinho do Iluminismo. Depois de separados em suas profissões, só resta o lado técnico do médico, do arquiteto, do engenheiro... É por isso que hoje a pergunta mais frequente nas escolas é: *De que modo vocês preparam as crianças para o vestibular?* Essa é a primeira pergunta que é feita até mesmo nas escolas de crianças com três ou quatro anos de idade. Realmente, o mercado de trabalho é o resíduo mais mesquinho do Iluminismo.

Um ser humano completo

GD – Ouve-se com frequência uma questão que é ainda anterior: *O que você vai ser quando crescer?* É essa ideia que está implícita no processo de formação, que lhe atribuiria uma validade maior. Não importa o que você é no presente, mas o que fará no futuro. Cria-se aí uma deturpação: a escola está sempre voltada para o futuro, ou seja, o que importa é o médico, o engenheiro, o arquiteto que ela vai formar. E me parece que nessa proposta de *educação sem sala de aula*, que vocês estão apresentando, é mais importante quem a criança é no presente do que quem será no futuro. Se ela quiser ser alguma coisa no futuro, ela precisará ser alguma coisa no presente.

AC – É exatamente isso. O Estatuto da Criança e do Adolescente foi baseado na doutrina das Nações Unidas, na universalidade e na indivisibilidade dos direitos. A criança e o adolescente não são pessoas "em condição peculiar de desenvolvimento". A pessoa, em qualquer etapa de sua evolução – embrião, feto, nascituro, primeira infância, segunda infância, pré-adolescência, adolescência, jovem –, é um ser humano completo. Ela não é um devir, não é um projeto de outra coisa.

GD – A criança não é um adulto pequeno.

AC – Não. E também não está em uma etapa para chegar a outra coisa. O ser humano é completo em cada uma das etapas do desenvolvimento. Ele nunca pode ser visto como um desenho incompleto. Um menino de um ano de idade é um menino completo. Aos dois anos, ele está em outra etapa de um ser humano completo. Então essa ideia teleológica de "o que você vai ser" implica elidir o ser, o querer ser e o poder ser.

RS – Em nossas pesquisas descobrimos que tanto John Dewey, filósofo da educação moderna, quanto o pessoal da Sudbury Valley School,[6] nos Estados Unidos, e outras 31 escolas do gênero ao redor do mundo, que funcionam todas sem sala de aula, são da opinião de que, a partir dos 4 anos, a criança tem a mesma capacidade de julgamento do adulto, o que, à primeira vista, é muito difícil de acreditar.

Dewey

O pressuposto deles é que, a partir dessa idade, as crianças tomam decisões de julgamento de mérito, de valor e de abstração similares às de um adulto. Para eles, só é necessário tomar um pouco de cuidado com a linguagem, com a experiência acumulada, mas a capacidade de

---

6. Criada em 1968 por Daniel Greenberg, é uma escola democrática, onde as crianças têm seus direitos, sua liberdade e sua autonomia plenamente respeitados. Elas decidem o que, quando e como aprender e participam da gestão da escola (inclusive em questões relativas à contratação e dispensa de professores e às regras de conduta da comunidade), preparando-se, assim, para uma vida como cidadãos numa sociedade livre e democrática.

julgar, a partir dos quatro anos, é idêntica à de um adulto, o que é muito interessante, mas que também é de cair de costas à primeira vista.

GD – Retomando, então, há pouco tentamos definir o que é *educação sem sala de aula*. Citamos a educação integral da Grécia antiga em que o sentir, o pensar e o perceber faziam parte de um mesmo processo. Mas o que é *educação sem sala de aula*, o que é *escola sem sala de aula* efetivamente? Há um ponto importante que desejo pôr em pauta. Nas escolas, de alguma forma, foi definido que há um conjunto de conhecimentos essenciais, necessários. Esses conhecimentos foram divididos em um determinado número de anos e de matérias, desembocando no diploma – que seria o ícone da eficácia da aprendizagem. No começo do século passado, nos Estados Unidos, alguns estudiosos se perguntaram: *Por quanto tempo uma criança presta atenção na aula?* Diversos psicólogos fizeram testes e mediram esse tempo. O resultado encontrado foi de 40 a 45 minutos. Decidiu-se, então, que cada aula deveria ter cerca de 45 minutos. Incorporou-se, assim, uma visão fordista[7] de fábrica, um raciocínio taylorista:[8] 45 minutos, várias salas, vários conhecimentos. Há pouco tempo,

---

7. Referência às teorias sobre administração industrial criadas pelo norte-americano Henry Ford (1863-1947).

8. Referência ao sistema de organização de trabalho concebido por Frederick Winslow Taylor (1856-1915) que busca alcançar o máximo de produção e rendimento com o mínimo de tempo e esforço.

vi essa mesma pesquisa feita com jovens contemporâneos americanos e depois brasileiros. O resultado obtido foi que o tempo de concentração, atualmente, varia entre cinco e sete minutos. É mais ou menos o tempo que há, na televisão, entre a programação e os anúncios. Então, acredito que o conceito *escola sem sala de aula* é contemporâneo, uma vez que houve uma mudança no processo de percepção ou de atenção do aluno. Tomo como exemplo meus filhos e os amigos deles. Eles veem televisão e ao mesmo tempo estão ouvindo rádio, navegando na Internet ou fazendo a lição de casa. É impressionante. Também quando os vejo brincar com jogos eletrônicos, eles têm uma velocidade que os adultos de hoje não têm, ou seja, o tempo de concentração mudou e a forma como eles lidam com o conhecimento hoje é muito mais transversal e transdisciplinar.

Tempo de concentração

RS – Sabe, tenho a impressão de que não é verdade que o tempo de concentração (*attention span*, em inglês) tenha caído. Acredito que aconteceu o seguinte: na medida em que a escola com salas de aula foi ficando cada mais monótona e atrasada, ela se tornou obsoleta, pois o avanço nos últimos 20, 30 anos fez com que ela ficasse no acostamento lá atrás. Assim, os alunos se desinteressaram de vez. Mas digamos que essa mesma criança desinteressada pela escola queira aprender a tocar guitarra ou bateria – creio que ela ficaria seis horas concentradas aprendendo. Tenho a impressão de que o *attention span* para a escola chata acabou de vez e está em cinco minutos. Mas acho que o ser humano da *paideia* provavelmente não mudou, ele é o mesmo. A capacidade de conjugar *eros*, *mythos*, emoção, hedonismo, tudo na educação deve ter continuado. Deve estar intacta.

GD – Gostaria de elucidar algo aqui. A respeito do que o Ricardo comentou sobre o tempo de concentração, sou obrigado a lidar com isso, porque meu olhar é o de quem trabalha com educação e comunicação. E sou obrigado a olhar por esse ângulo. Nós, jornalistas, estamos atônitos. Jornalistas de várias partes do mundo. Porque não sabemos mais lidar com o tempo de concentração do nosso leitor. Antigamente nós sabíamos. Quando eu era jovem, comecei a trabalhar no *Jornal do Brasil* e, naquela época, nós tínhamos um ídolo, era o **Castello Branco**, o principal colunista político do país. Lembro-me de que, quando eu queria dar um furo e o Castellinho não estava na sala dele, eu ia lá atender ao telefone. Bastava atender ao telefone, pois eram ministros, senadores. Para o Castellinho, eu me fazia de *office-boy*. Às vezes, eu conseguia um furo só atendendo ao telefone dele. Ele tinha uma coluna na página dois do *Jornal do Brasil* que era a bíblia dos políticos, era a referência. Hoje, para se ler uma coluna, demora-se entre 10 e 15 minutos. Para ler a coluna dele, acho que 10 minutos, lendo com calma é quanto se demorava.

RS – O que é mais tempo do que as pessoas gastam hoje lendo o jornal inteiro.

GD – Na *Folha de S. Paulo*, o tempo de leitura total do jornal é de 15 a 20 minutos em um dia útil.

RS – Isso deve ter caído bastante. Deve ter sido de 30 minutos há algum tempo.

Castello Branco

GD – E ainda está caindo. Houve uma época em que os jornalistas tinham contato com o leitor. Eu via meu pai, meu avô... eles pegavam o jornal, liam a coluna do Castellinho, liam outras colunas, a do Carlos Chagas... Eles liam, comentavam e depois iam ler outras páginas.

Hoje, é cada vez mais raro ver uma pessoa sentada, lendo um jornal. Não sabemos mais quem é o leitor típico, quem é o nosso leitor: é a pessoa que está com o celular ligado, é a que está conectada...

RS – Que já viu as notícias principais na Internet na noite anterior.

GD – Que já viu na Internet e que recebe algum tipo de informativo eletronicamente. Então, quando sai no jornal uma matéria, digamos, "FMI exige superávit de 4,5%", há dois tipos de leitores: o leitor que entendeu e o que não entendeu. A imensa maioria não entendeu. E o que entendeu já sabia no dia anterior. Assim, não há mais novidade. Por isso eu fico pensando, da perspectiva do educador e do comunicador: nós não sabemos mais como atender o leitor. Há um fato fundamental na imprensa de hoje: grandes jornais, como *Folha*, *Globo*, *Estado*, *Gazeta Mercantil*, de modo geral, perderam nos últimos cinco anos cerca de 600 mil assinantes. Não foram 6 mil, nem 60 mil. Não foram apenas leitores, foram 600 mil assinantes. Até mesmo os assinantes leem cada vez menos, leem picado e procuram notícias que são análises ou que são notícias gerais. Por isso, sei que o tempo de atenção do meu leitor mudou. E quando vou para a sala de aula é a mesma coisa. O aluno é tão bombardeado por coisas que ele viu na televisão, na Internet, e é tanta coisa ao mesmo tempo que, ao chegar à sala de aula, ele percebe que saiu do mundo 3D, tridimensional, e foi parar num mundo 1D, de uma única dimensão. Então aquilo se torna insuportável.

RS – E, ali, a dimensão é sempre o passado.

GD – Isso mesmo, a dimensão ainda é o passado. Trabalham-se conhecimentos passados e o aluno não sabe como relacioná-los à vida dele. E mesmo assim as pessoas não entendem por que o aluno é indisciplinado. Porque passa a ser o inferno. Essa questão da mudança no tempo de concentração na sala de aula também está relacionada com até que ponto os conhecimentos escolares têm a ver com a vida dessa pessoa.

Outros mecanismos

RS – Hoje, tendo em vista a multiplicidade de recursos e fontes a que temos acesso rapidamente, as pessoas dizem: *Puxa, meu filho aprende muito mais rápido do que eu. Antes, eu demorava não sei quanto e hoje ele faz em dez minutos.* Não sei se isso é verdade, pois ele só domina outros mecanismos que são mais velozes. Quanto ao conhecimento, creio que não anda na mesma velocidade. Mas há uma questão interessante: por que precisamos gastar os mesmos 13, 14 ou 15 anos para dar o mesmo currículo básico para as crianças? O currículo americano atual tem algo em torno de 1.580 páginas, eu fui conhecer o documento. O interessado que for ao Ministério da Educação americano e perguntar: *Qual é o currículo que se oferece nas escolas?*, terá acesso a esse documento. Eu fui consultá-lo. Há, por exemplo, a influência da colonização francesa no Vietnã na década de 1920. Isso é fundamental. As crianças americanas devem saber falar sobre o assunto. A Universidade de Chicago diz que as crianças americanas retêm 6,3% do conteúdo descrito naquelas 1.580 páginas, ao final da escolaridade. Então, podemos formular a seguinte pergunta: *Se você fosse empresário, montaria uma empresa que tivesse um índice de desperdício de 93,7%?* A resposta certamente será *nunca*. O sistema é inoperante desse ponto de vista. Mas, retomando, o que me ocorreu foi o seguinte: Será que as crianças precisam, hoje, dos mesmos 15 anos para aprender o que fazia parte da ideologia da tribo que queria expor as crianças a um determinado conhecimento acumulado da humanidade ou será que os jovens continuam virando adultos só a partir dos 17, 18 anos do ponto de vista biológico, sociológico, fisiológico e, portanto, temos de guardá-los em algum lugar até que completem 18 anos? Porque isso responderia à segunda parte da questão: Eu não posso soltar esses jovens antes dos 18 anos porque eles não podem casar, não podem dirigir, não são cidadãos plenos. E se não são cidadãos plenos, o fato de terem aprendido mais rápido não os desenvolveu em termos de maturidade e eles não estão *antropologicamente* mais rápidos. Então, seria preciso "guardá-los" até os 18 anos. E, nesse sentido, vai ficando mais parecido com a Febem. Algumas escolas têm até uma aparência de Febem. Têm guarda na porta, às vezes têm grades e proteções em cima dos muros. De fora, é muito difícil diferenciar se se trata da Febem ou não. Por quê? Porque aquele é um lugar de armazenagem de crianças até que eles possam soltá-las para a sociedade. E os pais entregam a criança e dizem: *Por favor, faça alguma coisa com ela aí*. Então, as crianças ficam presas naquilo, apesar de ter acesso muito mais rápido a tudo, hoje.

GD – Aliás, é interessante observar como hoje em dia, para a classe média, a ordem é empanturrar o horário dos filhos com atividades para que eles não fiquem na rua, porque é perigoso. Eles vão às aulas de inglês, caratê, natação, dança etc. Assim, o horário deles já não é muito diferente do nosso.

RS – Todos viraram *nine to five*.[9]

GD – Antonio Carlos, eu queria voltar agora à questão da evolução da pedagogia e do desenvolvimento do conceito da *escola sem sala de aula*. Você falou sobre a educação na Grécia e depois comentou a perspectiva iluminista. Fizemos também uma referência à introdução do princípio taylorista na educação – a educação voltada à produção, quando se monta um novo tipo de escola. O Ricardo falou de John Dewey, o grande pensador que lançou a educação para a vida, e há ainda nomes como **Makarenko**, Emília **Ferreiro** e, no Brasil, Anísio **Teixeira**. Como é que vai se construindo isso no tempo?

Makarenko

Ferreiro

Teixeira

AC – Olha, isso é interessante porque, quando ocorreu a Revolução Francesa, o desafio era transformar os súditos em cidadãos. Esse era o desafio político. Havia também um desafio

---

9. Referência ao horário de trabalho nos Estados Unidos e na Europa. Em outras palavras, atualmente, todos têm uma grande quantidade de compromissos, a "agenda cheia".

econômico, que era preparar as pessoas para uma nova etapa de evolução do mundo do trabalho, a sociedade industrial, que estava nascendo ali, ou seja, preparar um novo indivíduo. Havia então três dimensões: a da pessoa, a do cidadão e a produtiva, que é a dimensão do mundo do trabalho. Quando Anísio Teixeira foi para os Estados Unidos e entrou em contato com as ideias de Dewey, percebeu isso. Ele utilizou essas ideias em 1948, quando encaminhou o primeiro projeto de LDB brasileira, depois do fim do Estado Novo. Ele falava que a educação é direito de todos, é dever da família e do Estado e que deve ter como base os princípios de liberdade. Os princípios de liberdade são a base da educação brasileira e têm como horizonte três objetivos: a educação plena do educando, a sua preparação para o exercício da cidadania e a sua qualificação para o trabalho. E, assim como Dewey nos Estados Unidos, Anísio Teixeira percebeu que era necessário preparar as pessoas para um Brasil que estava começando a nascer, uma democracia industrial de massas, que era o mesmo ambiente que ele havia vivenciado em sua viagem. E a Revolução Francesa? Veja bem, naquele momento, a escola fazia a socialização do saber acumulado pela humanidade. A escola fez isso com muita competência. O sistema escolar era então composto por escolas com uma mesma conformação física: corredores cheios de salas de aula, um pátio, a sala da direção. E o currículo continha as disciplinas básicas. Dizem que o ministro da educação de Napoleão gostava de tirar o relógio e dizer assim: *Agora, na*

França, são dez horas da manhã. Todos os alunos da terceira série deverão estar com o livro de história aberto na página 27. E havia o inspetor para garantir que tudo acontecesse igualzinho nas escolas, ao mesmo tempo, dentro de uma lógica de produção daquela modernidade, daquela *paideia* da Revolução Francesa. Nessa época, os livros didáticos tinham capa dura, duravam muito e passavam de um aluno para outro. Nós já vivemos isso no Brasil, no tempo que o livro passava do irmão mais velho para o mais novo.

A galáxia de Gutenberg

AC – O que aconteceu depois? A escola não acompanhou a revolução dos meios de comunicação. Nem a galáxia de **Gutenberg** a escola assimilou bem. Na Idade Média, quem estudava tinha de anotar em uma pequena lousa as lições e tinha de decorar, porque não existia livro impresso para levar para casa. Os livros ficavam no estabelecimento, na escola. A partir do momento que os livros foram impressos e o acesso democratizado, o aluno não precisaria mais usar tanto a memória, pois o conhecimento já estava impresso e, se ele sabia usar o livro, já não seria necessário reter todas as informações de memória. Mas, mesmo usando o livro didático, a escola continuou a exigir que o conhecimento fosse memorizado.

GD – Antonio Carlos, hoje é assim também, não é? Quando se vai realizar uma avaliação, os professores dizem: *Agora fechem o livro.* E se algum aluno usar o livro é sinal de que está colando.

Gutenberg

AC – É uma tolice, porque a memorização não é prova de que o aluno assimilou aquele conteúdo. O fato de o aluno ter o livro não significa que saiba usá-lo, que seja capaz de encontrar as respostas.

RS – Hoje uma avaliação aparentemente inteligente em uma escola tradicional – com a qual não concordo de qualquer jeito – seria dizer o seguinte: *Vocês têm 40 minutos, há um computador na sua frente, achem tudo isso na Internet e me respondam.*

GD – E virem-se.

RS – Isso eu consigo entender, ainda que continue a me parecer uma tolice, apenas outro raciocínio. Mas fechar o livro, tirar do livro e memorizar ou tirar da *web* e memorizar significa que o aluno fica com o que conseguiu reter na memória. E a resposta da Universidade de Chicago é 6,3%, como eu disse antes.

AC – Por isso, o aluno tem de saber acessar o conhecimento hoje, aprender a aprender. Ele tem de aprender como se aprende para poder acessar. E como mudar a escola? Como dar o salto para a escola pós-sala de aula? Enquanto não houver alteração em algumas características básicas da escola como a conhecemos, a educação também não muda. Primeira: a sala de aula como espaço. Aquele corredor cheio de salas, cada uma com cerca de 40 a 50 alunos. Por que de 40 a 50 alunos? Porque esse é um espaço onde o professor consegue ficar falando horas e horas sem arrebentar a garganta. Se fosse no espaço de uma igreja, por exemplo, a pessoa não aguentaria ficar sem microfone, falando tanto tempo. Isso foi o que dimensionou o tamanho da sala. No mundo inteiro, as salas têm mais ou menos 50 alunos. A segunda característica é o manejo. O fato de se considerar que o professor pode controlar com o olhar cerca de 40, 50 alunos. Usou-se a turma como escala. Não se veem em lugar nenhum pessoas fazerem algo inteligente em grupos tão grandes. Geralmente, um grupo é aquilo que cabe em volta de uma mesa. A sala de aula como espaço e a turma como escala são as duas rupturas necessárias. E como é que essas duas rupturas vêm sendo tentadas? No século XX, os professores aprenderam a colocar os alunos em grupos. Dividem a turma em quatro, cinco grupos – que é o que cabe em volta de uma fogueira, de uma pequena fogueira. É isso aí. Para conversar em cima de uma mesa de reunião. Então, eles dividem os alunos em grupos. Essa foi a maneira encontrada no século XX de romper com a turma, mas mantendo a sala de aula como espaço.

RS – E o controle.

AC – Exato, e de manter o controle. Qual o desafio da *escola sem sala de aula*? É romper com a turma como escala e romper com a sala de aula como espaço. Podemos imaginar a *escola sem sala de aula*, uma escola em que quebraríamos as paredes e aquele espaço viraria um grande salão. Nesse salão, haveria mesas redondas de doze lugares. Os alunos deveriam estar organizados em times de onze. Um lugar ficaria vago para o professor, o consultor, chegar e ajudar aquele grupo.

E o grupo teria de procurar e construir conhecimento. Com base nas informações encontradas, eles construiriam um novo conhecimento, que seria demandado. Como esse novo conhecimento seria demandado? Por guias de aprendizagem, que seriam como um desafio. Suponho que seria necessário ter na escola alguma coisa similar a um auditório. Esse espaço seria destinado a um momento coletivo para os professores explicarem aos alunos o uso do guia de aprendizagem. Depois eles sairiam em grupos, times ou equipes que iriam realizar as tarefas. Os professores teriam de ser o suporte dos alunos. Essa é uma ruptura necessária, enquanto não ocorrer... Certo dia fui a uma escola famosa da cidade de São Paulo, cujo diretor se mostrava orgulhoso pelo fato de que os alunos não tinham livros, cadernos...

RS – Só havia computadores.

AC – Isso mesmo. Só computadores. Mas vejam que coisa, quando eu cheguei lá, havia um professor sentado, de frente para um grupo – o grupo era muito grande, tinha mais de 100 alunos, ou seja, notava-se uma grande eficácia no aproveitamento daquele espaço...

RS – E o computador entrava no lugar do livro. Método igual.

AC – O computador no lugar do livro e um microfone de lapela supersensível. O professor falava mais baixo do que as pessoas conversando normalmente e ficava no seu computador.

Havia ainda um telão azul atrás dele e ia aparecendo tudo lá. Aquilo era tecnologia.

RS – Mas o conteúdo e o formato eram os de sempre, só que com outra roupagem.

AC – Pois é! Era a tecnologia de ponta utilizada em uma *aula magna*, que é algo antigo. Na Idade Média já existia aula magna, a grande aula expositiva. E o professor estava dando uma aula expositiva, um *aulão*, usando tecnologia de ponta. Eles não romperam com a sala de aula como espaço nem com a turma como escala. Então, todo mundo calado, com um falando lá na frente.

RS – Era um *e-learning* ao vivo!

Modelo dual

GD – Gostaria ainda de explorar um pouco o tema da escola voltada para desenvolver pessoas que vão ser produtivas, que citamos antes. Seria interessante rever, historicamente, Antonio Carlos, o desenvolvimento do ensino industrial pelos alemães (experiências parecidas com o que representaram, no Brasil, o Senac e, sobretudo, o Sesi), que foi um modelo que se espalhou por todo o mundo.

AC – O modelo de ensino profissional alemão é chamado modelo dual. Se formos a uma escola técnica alemã, não vamos encontrar máquinas lá dentro. Lá não há a simulação da fábrica dentro da escola. Por quê? Porque na escola eles estudam. A escola profissional tem biblioteca, sala de aula, pátio, laboratório, tudo igual a uma escola de educação geral, uma escola que não é de ensino técnico. Então, qual é a diferença? Por exemplo, a pessoa estuda química. Pois na escola técnica alemã, estuda-se química em função do processo produtivo. Assim também com o aluno de física. Ele estuda física em função do processo produtivo. Ele estuda, então, as matérias acadêmicas, mas o enfoque delas é direcionado para o que acontece na esfera produtiva. Ele vai praticar isso na fábrica, na unidade de produção. Qual a mediação entre a sala de aula daquela escola e a indústria onde o jovem vai praticar o que aprendeu? É um guia de aprendizagem. Ele não vai à fábrica para prestar um serviço, mas para aprender. Ele vai ficar naquele posto de trabalho por um período determinado e vai adquirir conhecimentos específicos.

RS – Como um artesão medieval. É similar ao sistema da guilda medieval.[10]

AC – O operário, o técnico alemão é temido pelos outros mercados de trabalho, por exemplo, de Portugal ou da Itália. O trabalhador alemão tem uma grande capacidade de unir a compreensão científica com o fazer, com a ação que ele está desenvolvendo, pois aprendeu os fundamentos na escola e a dimensão pragmática disso na fábrica. Quando a Alemanha estava se industrializando – tardiamente em relação à França e à Inglaterra –, **Bismarck** pediu a um educador que fosse conhecer alguns modelos educacionais e ver quais as vantagens de cada um deles. Havia o ensino vocacional inglês e havia o ensino politécnico francês, a politecnia. E com base no que ouviu teve a ideia de não fazer na Alemanha nem uma coisa nem outra. A Alemanha queria andar depressa e Bismarck não queria construir maquinários dentro de escolas, porque eles ficariam obsoletos

Bismarck

---

10. Sistema hierárquico composto basicamente por aprendizes (que posteriormente poderiam se tornar artífices) e mestres.

rapidamente. Outro dia eu viajei com um amigo, colega de curso de pedagogia, que é o diretor do Cefet de Belo Horizonte, o Centro Federal de Educação Tecnológica. E ele me dizia que eles estavam com mais de 20 anos de atraso. O maquinário que há nas escolas técnicas está totalmente ultrapassado em relação às plantas industriais modernas. E os jovens continuam a ser capacitados naquilo. O que acontecia na Alemanha? Eles estavam sempre atualizados tecnologicamente, porque o que havia na indústria era usado na formação do jovem. Então, esse modelo dual alemão mostra uma convergência e uma intercomplementaridade entre a escola e o mundo do trabalho. Acredito que esta seja a única saída no caso brasileiro. Do contrário, como vamos profissionalizar milhões de jovens, uma vez que não é possível reproduzir maquinários caros dentro das escolas e muito menos mantê-los atualizados?

RS – Mas será que esse mundo do trabalho também não está mudando em uma velocidade tal que mesmo a tentativa de *vocacionalizar* o ensino também vai estar fadada ao insucesso?

AC – Uma das palavras de ordem do mundo do trabalho é a polivalência. Os japoneses dizem que trabalhar é praticar habilidades. As habilidades são de três tipos: habilidades básicas (fazer contas, ler, escrever, falar uma língua), específicas e de gestão. As primeiras são habilidades permanentes. A pessoa que aprende a ler e escrever vai encontrar utilidade nisso até o fim da vida. São habilidades de longa duração, praticamente perenes.

RS – Mas essas não são vocacionais.

AC – As habilidades específicas, essas que você está chamando vocacionais, não são madeira de lei. O ciclo de vida delas está ficando cada vez menor, são habilidades cada vez mais perecíveis. Quem aprendeu a usar um computador alguns anos atrás e depois não teve mais contato, hoje já não conseguiria operá-lo. Então, essa é a perecibilidade das habilidades específicas. E as habilidades de gestão, por sua vez, têm uma vida média.

RS – Porque essas têm sociologia, psicologia, têm outras habilidades junto. Têm antropologia nelas, não tem?

AC – É, mas mesmo as habilidades de gestão mudam com o tempo, à medida que vai se alterando a configuração do trabalho. Por exemplo, houve uma época em que liderar era chefiar, controlar tudo. Atualmente, liderar já é motivar, comprometer, desenvolver as capacidades do seu pessoal. Então, de todas essas habilidades, em quais deveria se concentrar a educação geral? Ela deveria se concentrar nas habilidades básicas, dotar o educando de bons fundamentos em termos de habilidades básicas, além de contribuir para as habilidades de gestão. Naquela escola que estávamos imaginando, a escola do time, os alunos procurando juntos o conhecimento, a avaliação seria feita de duas maneiras:

avaliação individual e também coletiva, o desempenho do grupo e o desempenho das pessoas dentro do grupo. Em uma escola dessas, o jovem adquire a habilidade de planejar, a habilidade de dividir tarefas, de se solidarizar dentro do grupo, de usar os recursos, de usar o tempo e tantas outras que são quesitos muito úteis para as novas habilidades de gestão requeridas pelo mundo do trabalho hoje.

Desprogramando pessoas

GD – Ricardo, falando em gestão, e tendo em vista sua experiência na Semco, quais são os fundamentos, os pressupostos que o levaram a buscar uma nova gestão escolar como solução para a questão do aprendizado?

RS – Começando de trás para frente, o que me levou à escola, especialmente à educação infantil, foi a percepção de que, na Semco, nós estávamos tendo que desprogramar os adultos. Quer dizer, os nossos 25 anos de prática na implantação de um modelo que tivesse liberdade, automotivação e gratificação no bojo da vida profissional, esbarravam no fato de que o condicionamento que havia sido dado na escola e na universidade era tão forte que passávamos anos desprogramando as pessoas. Então, o interesse de trabalhar com a educação infantil surgiu porque já desenvolvemos isso por 25 anos na empresa, ela não está mais sujeita a discutir se isso dá certo ou não depois de tantos anos. Ela tinha 100 funcionários, hoje tem 3.100. Agora, a empresa ter 3.000 ou 3.600 funcionários, já não faz diferença. A calcificação educacional dessa pequena sala de aula se manifestava quando as pessoas chegavam à empresa dizendo: *Bom, fala aí: o que você quer que eu faça? Em que horário? De que jeito? Como é que devo falar, como devo me* *vestir, você me diz que eu me adapto.* Em nossa empresa, é o trabalhador que faz essa adaptação. Ele decide como vai atuar e onde quer estar daqui a três ou cinco anos. Ele faz toda a sua programação. Sabe, fui paraninfo de uma turma da GV[11] nos anos 80 e eles nunca me entregaram a fita da formatura de tão bravos que ficaram. Fui lá para dizer que eu achava que, primeiro, era um curso que olhava para trás e, portanto, ensinava generais novos a combater batalhas antigas. E que, entre guerras, isso acabou com a França completamente: A França pós-Napoleão...

AC – A linha *Maginot*...[12]

RS – Se você for à França hoje ainda verá os prédios napoleônicos – o *Collège de Guerre* e outros. E essas academias de guerra ensinavam a guerra de trincheira. O Hitler levou apenas duas semanas para acabar com aquilo. Há quem pense até que foi covardia dos franceses. Está em discussão até hoje. Mas acho que nem foi covardia. Eles faziam trincheiras porque era o que tinham aprendido no passado. Então, quando fui à GV, vi que os formandos estavam se preparando para aqueles famosos empregos da área de Administração. Eles se preparavam para ir a *Johnson & Johnson*, *Unilever*,

---

11. Referência à Fundação Getúlio Vargas, faculdade de Administração de Empresas em São Paulo.

12. Extensa linha de trincheiras protegida por arame farpado, construída na França após a Primeira Guerra Mundial.

Nestlé e ter uma carreira que já estava planejada dez anos à frente. *Trainee*, depois *sub* isso, *sub* aquilo e iriam galgando postos. Eu falei: *Quando vocês finalmente chegarem aos cargos que almejam, eles já não vão existir. E, portanto, isso que vocês tiveram aqui foi uma perda de tempo colossal. Porque vocês estudaram, passaram. Vão tentar aplicar isso em um futuro que será outro. E está sendo prometida para vocês uma carreira que é absolutamente impossível que a empresa proporcione.* Essas pessoas vêm à Semco e nós tentamos nesses 25 anos dizer que a determinação de quanto cada um trabalha, do horário, de quem deve ser o chefe e de quanto cada um deve ganhar é uma coisa que nós poderíamos facilmente devolver às pessoas. Mas o condicionamento escolar impede que as pessoas usem da liberdade e da autonomia com facilidade. É uma dureza. Se eu dissesse que quero ter uma empresa para exercitar a democracia, isso seria uma bobagem sem fim. O que nós estamos dizendo é que o valor de liberdade que está lá dentro provavelmente gera nas pessoas o poder de decidir o equilíbrio que vão estabelecer entre a vida pessoal e o trabalho; o que vão fazer e a que horas. Isso representa uma chance muito maior de gratificação. Acontecendo assim, o produto fica bom, a qualidade se resolve, as pessoas ficam felizes e ganha-se dinheiro, que é necessário para continuar o ciclo. Ao entrevistar um candidato, fazemos perguntas fundamentais, sempre numa sequência de três "porquês". Esse é o jeito mais divertido de fazer as pessoas pensarem. Com uma criança se vê isso claramente. Quando eu falo alguma coisa para o meu filho de cinco anos, ele questiona: *Por quê?* A primeira resposta é meio simples, a gente dá uma resposta cristalizada e tal. E ele insiste a respeito daquilo: *Mas por quê?* A segunda já começa a complicar. No terceiro porquê, só existe uma opção: comprar um sorvete para ele ficar quieto, pois o terceiro porquê a gente não sabe.

GD – E qual foi o seu *porquê* com a educação?

RS – Era esta sequência: Por que estamos repetindo um processo de educação que todos nós sabemos (pois passamos por ele) que é altamente duvidoso, de pouca retenção e de um resíduo de pouca utilidade para o resto da vida? Por que estamos fazendo a estupidez de repetir isso eternamente? Quando eu comecei a pensar em montar uma escola, estudando com 21 pessoas por três anos, eu fiz um teste muito interessante com algumas questões básicas. Eu dizia o seguinte para esse grupo de estudo: em geral, os educadores tradicionais têm, obviamente, um certo corporativismo em torno de seu aprendizado, porque eles estudaram muito e se especializaram. E quando se fala de **Vygotsky**, **Freinet**, **Piaget** de modo contextualizado, aquilo vai ficando enraizado. E aí aparecem as respostas adultas cristalizadas. Já não se ouvem

Vygotsky

Freinet

Piaget

mais respostas infantis – que são as boas, dos *porquês* –, mas sim as de adulto. E as pessoas me diziam o seguinte: *Isso aqui está bem estudado, é que você está chegando agora e não entendeu*. É também o que me diziam no mundo da empresa, quando comecei com as inovações na Semco há 25 anos. E eu perguntava aos educadores tradicionais: *Então me explica algumas coisas simplórias, só para ajudar: Por que as férias são como são? Uma resposta simples, vai. A coisa mais banal possível. Por que a criança fica de uma vez dois meses e meio de férias?* Porque, pelo pouco que conheço de criança, ela não precisa de dois meses e meio para se recuperar. Além disso, ninguém sabe o que fazer com uma criança durante todo esse tempo. Aí, aparecem as colônias de férias, com um sem-número de atividades. Deve haver uma grande razão, pois os educadores sabem o que fazem. Ninguém sabia me dizer e eu fui pesquisar: as férias são assim porque a estrutura escolar foi definida numa época em que 87% da população era rural. Por volta de 150 a 200 anos atrás, quando da criação do espaço escolar como o conhecemos hoje, as crianças eram necessárias de volta na fazenda na época de colheita. E a colheita durava cerca de dois meses e meio naquele período. Essa é a explicação. Como isso está em vigor até hoje, a pergunta é: *O que eles estão colhendo nesses dois meses e meio, a não ser* crack *na cidade grande?* Quando se começa a aplicar esse instrumento de "por que é assim?" – Por que a sala de aula tem 40 pessoas? Por que há um corredor no meio? Por que aulas de 45 minutos? –, nada fica de pé. Então, quando nada está de pé, nós falamos: *Deve haver um jeito melhor de fazer isso. Vamos começar a pensar do zero.* Não dá para ouvir só os especialistas que defendem que se faça deste ou daquele modo e ponto.

GD – Ricardo, eu queria lhe perguntar uma coisa. Você se formou nesse ambiente, o Antonio Carlos se formou mais ou menos nesse ambiente. Você sobreviveu, eu sobrevivi, estamos aqui lutando. "Nada fica de pé" *hoje* ou nunca ficaram? Atualmente, o jeito de gerir, de produzir mudou. Seymour Papert diz que esse tipo de escola formou "vagabundos obsoletos". As pessoas não conseguem mais lidar com a velocidade. Ou seja, da perspectiva do empresário, de quem produz, você considera que isso não fica de pé?

RS – Acredito que não, pois o mundo mudou e a escola não. Como disse o professor Antonio Carlos, essa escola pós-iluminista que se atém ao cérebro e que foi desenvolvida para um mundo mecanicista (ou mesmo para um mundo intelectual) era, desde o início, fadada ao fracasso. Porém, se tomarmos de 1500 a 1750 ou 1800, ela era um privilégio de um número irrisório de membros da sociedade. Quer dizer, essa educação era para uma minoria absoluta.

AC – Nesse período havia a figura do preceptor.

RS – Do tutor.

AC –**Rousseau** trabalhou assim, como professor particular que dava aula para os filhos da burguesia e da aristocracia...

RS – Os outros não iam para a escola.

GD – Com os reis também era assim. Não havia educação de massa.

RS – Como não havia massa, a questão não me parece ser se o sistema de ensino com tutor a um número pequeno da restrita elite era bom ou não. A pergunta é: *Esse sistema valeria para a educação em massa?* A resposta é não. Só que demorou todo esse tempo de massificação da escola para perceber que o instrumento era impróprio. E agora todo mundo já se conectou umbilicalmente a esse sistema, mas percebe-se que a coisa não é plausível. Ao pensar na figura do professor, verifica-se que é uma figura absolutamente obsoleta. E o que todos nós esperamos de um professor hoje? 1) esperamos que seja um *expert* em uma área específica; 2) que tenha uma boa ideia da inter-relação dessa área com outras; 3) que consiga se atualizar nessa velocidade estonteante de hoje; 4) que seja um bom líder da classe e consiga manter controle do que está acontecendo; 5) que seja um bom psicólogo, ponto de apoio e suporte desses grupos de crianças; 6) que se dê bem com todo o resto do corpo docente... Bom, acabou a conversa.

Rousseau

Só é possível achar o que todos nós achamos: um ou dois bons em toda a nossa história.

AC – A natureza não produz tais seres em quantidade suficiente para atender a demanda de um sistema universal.

RS – Então confirma-se a obsolescência, é absolutamente impossível. Haja qualificação, haja aborrecimentos, haja reuniões de pais e mestres para conseguir que um indivíduo concilie tudo isso. E há ainda outra característica fundamental que deve funcionar como um atributo guarda-chuva sobre esses seis preceitos, abrangendo-os: precisa ter paixão e amor por crianças. Agora, acabou tudo. Além de reunir essas seis características, é necessário ainda e acima de tudo ter paixão e amor por crianças. Acabou, não tem! Se olharmos para trás, lembraremos de dois ou três professores, em 20 anos de bancos escolares, que conseguiram ser uma boa parte disso. Então é irrisório. A função clássica do professor tornou-se anacrônica.

AC – Realmente essa é uma herança de outra época. A educação do Ocidente pré-industrial foi feita por preceptores, em circuitos muito pequenos, conventos, aulas particulares, mosteiros, a universidade da Idade Média...

RS – Que faziam parte do universo religioso.

AC – Circuitos que não eram de massa, muito elitizados, muito seletivos. Depois, na modernidade que nasce com a Revolução Industrial e com a Revolução Francesa, a grande função da escola era a educação para todos – o que foi importante para a humanidade, motivo de orgulho. E a escola cumpriu sua função em muitos países. Ela democratizou o acesso da população a um conjunto básico de conhecimentos. Esse professor que você descreveu, Ricardo, é o professor idealizado, ideal da sociedade industrial. Ele tem manejo de classe, ele tem conhecimento, ele sabe se relacionar com os colegas, sabe se relacionar com os alunos, com a família, com a comunidade, com o sistema de ensino, daí tem gosto pelo que faz. Esse é o professor da sociedade industrial. No entanto, neste momento, nós estamos vivendo uma transição para um outro modelo de sociedade, o mundo do trabalho está se reconfigurando totalmente, o acesso ao conhecimento foi revolucionado pela virtualização total. Neste momento, é preciso repensar como seria o educador necessário.

Aprender a aprender

AC – Então, sobre essa nova maneira de se relacionar com o conhecimento, a Rosa María **Torres**,[13] que é equatoriana e mora na Argentina, utiliza um termo interessante: *metacognição*. Segundo ela, essa é a nova maneira de reposicionar o sistema de ensino, a educação em relação ao conhecimento. E o que é a *metacognição*? São três pontos: a*prender a aprender, ensinar a ensinar* e *conhecer o conhecer. Aprender a aprender* é aquilo que antes chamávamos autodidatismo, ou seja, transformar o educando em um caçador de conhecimento, aquele que sabe caçar o conhecimento: pede informações, frequenta bibliotecas, usa dicionários, manuais, consulta o atlas, navega na Internet e faz uso de todos os recursos disponíveis para procurar conhecimento, para acessar o conhecimento, essa é a virtude do autodidatismo.

RS – Vou abrir parênteses. Tenho uma dúvida quanto a essa concepção: eu chamaria isso de *aprender a procurar*, porque o *aprender a aprender* – que é uma coisa que pegou nos últimos dez ou vinte anos, em oposição ao

Torres

---
13. Autora de *Que e como é necessário aprender* (Papirus, 5ª ed., 2003), entre outras obras.

aprender a decorar—, para mim, já vem embutido de fábrica no ser humano. Às vezes as pessoas me dizem que uma criança não está pronta, que ela precisa *aprender a aprender*. Mas, se pensarmos nas duas coisas mais difíceis que a criança faz até os cinco anos de idade, veremos que é levantar do chão e sair por aí andando e, depois, aprender a falar. Nisso ninguém a ajuda. Ficamos lá na esperança, torcendo, mas a verdade é que ninguém ensina. Então, como é que se pode ensinar uma criança a *aprender a aprender*, se ela já aprendeu a falar e andar sozinha? Ela vem de fábrica totalmente preparada para isso.

GD – Acho que ela não aprende tão sozinha assim. Ela aprende a falar na interação com o adulto.

RS – Sim, mas o que eu quis dizer é que esse *aprender a aprender* vem embutido. E quando se diz que a escola tem essa função, eu entendo que a função é *aprender a procurar* conhecimento por si próprio, que é diferente, não é?

AC – É, eu falei em acessar conhecimento, ser um caçador de conhecimento. E para isso, assim como para a caça e a pesca, são necessários métodos e técnicas. Isso pode ser feito de uma maneira mais metódica do que por simples tentativa e erro, do que de uma maneira totalmente empírica. Eu acho que hoje, por exemplo, o ensino fundamental e o ensino médio deveriam preparar as crianças e os jovens para buscar o conhecimento de modo atualizado, com método. O segundo ponto, *ensinar a ensinar*, é a didática, o didatismo. Em síntese, transmitir o conhecimento para outras pessoas de maneira criativa, desafiante, que edifique a pessoa, que a leve a um crescimento. Por fim, *conhecer o conhecer*, que era o terceiro ponto, é a capacidade de construir o conhecimento, o caminho das pedras para que cada um construa o conhecimento a partir da sua experiência, que é a habilidade para analisar, sintetizar e interpretar dados, fatos e situações. Por exemplo, o que leva algumas pessoas a se tornarem profissionais bem-sucedidos? Uma grande habilidade é a capacidade de acompanhar o curso dos acontecimentos todo o tempo e analisar, sintetizar e interpretar isso, fazer generalizações e avançar. Acredito que será muito mais interessante se a escola, em vez de se centrar no conteúdo – que naturalmente continua sendo importante –, se voltar para desenvolver esses três pilares: *aprender a aprender, ensinar a ensinar* e *conhecer o conhecer*. Eu imagino uma *escola sem sala de aula* em que os alunos trabalhem em grupo e se esse grupo receber um guia de aprendizagem (um mapa, uma carta enigmática para resolver) e se sentir desafiado, vai avançar em direção ao conhecimento. Didatismo dentro do grupo é fundamental. Aquele colega que é melhor nisso, melhor naquilo, vai dirigindo o grupo circunstancialmente, na hora em que é requerido. Acredito que temos de mudar. A relação dos seres humanos com o conhecimento está passando por uma grande mudança e, agora, a sociedade está colocando o conhecimento em uma nova posição. Se na era industrial o mundo do trabalho foi dividido entre colarinho branco e colarinho azul,[14] entre trabalhadores manuais e trabalhadores intelectuais, creio que, nessa nova etapa que estamos vivendo, o mundo do trabalho vai distinguir aqueles que são capazes de produzir conhecimento novo em suas atividades, de criar, de inovar, de fazer *poiesis*, dos que atuam de modo mimético. Novamente estamos resgatando termos que os gregos usavam: eles dividiam a atividade humana, toda ela e não apenas a literária, em *mimesis* e *poiesis*. De *mimesis* vem mimeógrafo, mímica, mimetismo, era a imitação. E a *poiesis* era a criação, em qualquer esfera da atividade humana.

RS – Qual é a diferença entre isso e o que os Parâmetros Curriculares Nacionais e as escolas chamam de desenvolver habilidades e competências? Gostaria de entender onde está a diferença, uma vez que o discurso é o mesmo. Se questionados, todos vão dizer a mesma coisa, falar de habilidades e competências, que não interessa mais decorar, mas aí eles sentam e decoram. Onde está a diferença? Está só na prática, na práxis da coisa?

AC – O grande problema é que os Parâmetros Curriculares Nacionais brasileiros estão pairando sobre a rede de ensino como um espírito sobre as águas, ele não encarnou

---

14. Do inglês, *white collar e blue collar*, respectivamente.

ainda no trabalho dos professores. Então, a prática é aquilo que se tem... O fazer do professor, o dia a dia das escolas é a aula expositiva, é escrever no quadro, é copiar, é fazer uma prova cobrando a memória daquilo que foi falado, do que está no livro.

RS – Como fazer grupos e projetos, mas com o mesmo objetivo.

AC – Isso que estou falando é da mesma família, digamos, epistêmica dos Parâmetros Curriculares Nacionais, mas só que essas coisas não chegaram. O que os PCNs trazem de mais importante? Inicialmente, o fato de transversalizar o conhecimento. Em vez do conhecimento longitudinal, cada disciplina isolada, estabeleceram-se conteúdos transversais. Os professores não têm nem as habilidades de gestão de trabalhar em grupo, de fazer um planejamento em conjunto, porque isso não foi ensinado. Por exemplo, os funcionários de uma fábrica têm de resolver um problema coletivamente. Reúnem-se pessoas de diversas áreas e resolvem. Isso não foi ensinado aos professores. O professor fecha a porta da sala e acabou. Ninguém manda ali: nem o ministro da educação, nem o secretário, nem a diretora da escola – ali é ele naqueles 40 minutos. E ele vai agir a seu modo.

GD – O Ricardo apontou uma questão muito interessante, que eu gostaria de retomar, sobre o que diz a Rosa María Torres. Em todos os seminários, ouvem-se as mesmas expressões, porque o discurso é mais ou menos consensual. Mas se levarmos esse discurso às últimas consequências, chegaremos à *escola sem sala de aula*. E essa *escola* é aquela em que o professor também é sem sala de aula. E que talvez nem seja mais uma escola como a conhecemos. A Rosa María Torres é a pessoa que talvez melhor fundamente o conceito de *bairro-escola* que é desenvolvido no Projeto Aprendiz.[15] O que é o conceito de *bairro-escola*? É entender a escola como parte de uma comunidade de aprendizagem. Hoje, há um volume tão grande de informações e de conhecimentos, que já não faz sentido encerrá-lo em um único espaço determinado. Antigamente já havia muito conhecimento, mas ele não circulava em tal velocidade. Atualmente, de um ano para o outro, há grandes mudanças. Então é preciso se redimensionar permanentemente. Se falamos em trazer o cotidiano para a sala de aula, isso implica ter pessoas habilitadas em comunicação para acompanhar o que está acontecendo o tempo todo, o que é muito difícil. Há, então, a comunidade de aprendizagem como uma resposta a isso, ou seja, a escola deve fazer parte de uma rede em que se aprendem muitas coisas. Além disso, é necessário administrar, gerir essa rede. Quando idealizamos o *bairro-escola*, imaginamos que todo o

---

15. Laboratório de pedagogia comunitária, em São Paulo (SP), que busca transformar a cidade numa extensão da escola e vice-versa, visando gerar espaços educativos orientados pelo ideal da aprendizagem permanente.

bairro da Vila Madalena ou de Pinheiros[16] pudesse ser a sala de aula da escola. Anísio Teixeira já pensava na *escola-parque*, em que haveria um lugar de experimentação ligado às salas de aula. No Aprendiz pensamos em fazer do bairro inteiro uma escola na qual o aluno possa aprender energia cinética em uma oficina mecânica, geometria em uma marcenaria, que se possa trabalhar pintura nos becos, fazendo do lugar em que se vive um lugar de aprendizagem.

---

16. Bairros da cidade de São Paulo.

A escola na rua

RS – Vocês conhecem a história do Mustafá Kemal **Ataturk**? Ele dava aulas em um parque. É uma história fabulosa: em 1919, pós-Galípoli,[17] após a saída dos ingleses, ele tomou uma decisão, talvez das mais espetaculares...

AC – O *pai dos turcos*. Ele transformou até o palácio em escola, havia salas de aula até dentro do palácio.

RS – Ataturk quer dizer *pai dos turcos*. Ele acreditava que a única saída para a Turquia, naquele momento, era se ocidentalizar. Então, em pouquíssimo tempo, em um prazo de 90 dias, ele decidiu que todo mundo teria um sobrenome, que as mulheres teriam liberdades e que o alfabeto deles seria trocado por um alfabeto romano. E todo dia ele dava aula em uma praça localizada na frente do palácio, pela manhã, e assim ele transformou o país inteiro.

Ataturk

AC – O rei Carlos Magno, do Sacro Império Romano-Germânico, também percebeu que era importante criar escolas e ele mesmo se matriculou na escola que ficava no palácio para

---

17. Pequena península de região montanhosa, com dezenas de praias e braços de mar, localizada a noroeste da Turquia. Sediou uma sangrenta batalha que opôs tropas britânicas e aliados aos turcos na Primeira Guerra Mundial.

se alfabetizar. Ele já era imperador e se matriculou em uma das escolas que criou. Pode-se identificar esse voluntarismo em prol da educação nesses dois estadistas, o Carlos Magno e o Ataturk, que tiveram o ímpeto de dar o exemplo para a nação de como eles prezavam a educação.

GD – Eu gostaria de lembrar ainda de outro nome, cuja história me influenciou, que é o de Célestin Freinet. Ele era professor do ensino primário na França rural, mas teve um problema pulmonar porque levou um tiro na Primeira Guerra Mundial e não conseguia mais dar aula. Então, ele saía com os alunos andando pela cidade. Os alunos tinham de registrar o que viam. Mas, naquela época, havia uma visão de que a criança nessa idade não podia escrever. Pois ele pediu às crianças que escrevessem e elas faziam redações maravilhosas e depois trocavam as redações. Assim começou o Método Freinet. Talvez este seja o primeiro grande exemplo de educação pela comunicação que se tem.

Sofisticação das normas

AC – Eu queria fazer um comentário, recuperando um tema levantado pelo Ricardo, pois creio que esse é o dilema central de toda inovação educacional: a questão da liberdade. Como se deve lidar com a liberdade? A escola vai ser impositiva, vai ser diretiva ou não diretiva? Esse foi um debate importante nos anos 70 e 80, o da diretividade ou da não diretividade na educação. Ou seja, por trás disso, está como trabalhar com um valor humano universal, que é a liberdade. Há três modos de entender *liberdade*, cada um com consequências pedagógicas muito claras. O primeiro deles como não restrição. Em outras palavras, se há regras e todo mundo tem de acatá-las, não existe liberdade. Se há liberdade, não há regras. Essa é a concepção da liberdade como não restrição ao educando. A aplicação dessa visão na educação está associada ao exemplo da escola Summerhill.[18] Seu fundador teria dito que preferia formar um lixeiro feliz a um primeiro-ministro neurótico.

---

18. Criada em 1921 por Alexander Sutherland Neill, é uma escola para crianças e jovens de 5 a 18 anos, em regime de internato, em que a frequência às aulas não é obrigatória. Há classes das principais disciplinas, mas não existem exames ou provas e todas as regras são determinadas em conjunto, por acordo, em reuniões periódicas. A escola atualmente é dirigida por Zoë Readhead (filha do fundador).

GD – Até hoje ele paga o preço por causa do que falou.

AC – O segundo modo de entender liberdade se desenvolveu muito no Leste, no mundo socialista: é a liberdade como consciência da necessidade. O indivíduo tem de tomar consciência de tudo aquilo que o determina, condiciona e influencia, procurando o espaço onde vai afirmar a sua liberdade, onde vai exercê-la, sabendo que ela é uma prática limitada, dentro de uma visão realista da situação.

RS – E, claramente, nós estamos nesse segundo.

AC – Sim. E o terceiro é o que eu pratiquei na minha vida de educador, quando dirigi uma escola feminina da Febem. Era uma escola de meninas infratoras, em Ouro Preto. Eu e minha esposa moramos lá dentro durante sete anos. E aí eu deparei com essa questão da liberdade e aí praticamos um terceiro sentido de liberdade, que é a liberdade como participação do ato criador das regras. Então, ao organizar uma atividade, chamávamos as meninas: *Vocês acham que cada um pode chegar a hora que quiser ou é preciso ter um horário para isso?* E elas raciocinavam junto com o educador e chegavam à conclusão: *É preciso que exista um horário.*

GD – É o famoso combinado.

AC – Vocês acham isso? Acham aquilo? – e fazíamos ali o famoso combinado. Escrevíamos e pregávamos na parede das oficinas assim: *Este regulamento foi elaborado pelas alunas e pela instrutora do curso de costura e terá a nossa assinatura como prova do nosso compromisso.* E ali, o pessoal, então, cumpria aquilo e alguém perguntava: *E o que vai acontecer com quem chegar atrasado? E se alguém desperdiçar material de propósito? E se fizer isso ou aquilo?* Então, assim, surgiam todas as regras. No meio do semestre era feita uma revisão das normas, para não ficar revendo todo dia. E havia revisões muito interessantes. Por exemplo, certa vez, ocorreu que uma menina estava quebrando muitas agulhas. Como as meninas vendiam o que elas produziam e recebiam uma parte do pagamento, a instrutora considerou que deveria descontar o valor das agulhas quebradas no recebimento dela. Ela não estava de acordo e me chamaram para ajudar a resolver a situação. Então, descobri que a menina estava quebrando muitas agulhas porque ela não sabia bem como colocar a agulha na máquina. A menina disse então: *A instrutora tinha de ter me ensinado, porque se eu não aprendi, eu não quebrei por querer.* Assim, quando fomos mudar o regulamento, escrevemos assim: *Quem desperdiçar material* **por querer** *vai ter de pagar o material.* Às vezes a menina ficava frustrada e rasgava o tecido ou quebrava a agulha. Esse *por querer* era uma sofisticação das normas. Acredito que trabalhar a noção de liberdade seja um importante dilema das inovações. Ao definir a qual conceito de liberdade a escola está filiada, a comunidade educativa está definindo seu ideal antropológico, seu conceito de ser humano.

RS – Na verdade, a terceira visão é uma variante da segunda. É a segunda com a própria comunidade fazendo as regras.

GD – Parece-me que é a junção das duas primeiras, ou não?

AC – É, na verdade, é uma terceira via entre as duas, porque ela garante um espaço para o grupo, um espaço de autonomia, mas essa autonomia é relativizada pela...

RS – Resistência dos outros.

AC – Pela resistência dos outros, pelo conceito, pelo resultado que se pretende.

Combinou? Está combinado!

RS – Eu não expliquei antes, mas o funcionamento da Lumiar é exatamente assim, ou seja, há até regras demais, só que não são os adultos que as fazem. Uma vez por semana, na quarta-feira, acontece o que nós chamamos de assembleia e que as crianças chamam de roda.

AC – Na minha escola, a assembleia era um item essencial. Essas experiências não funcionam sem esse momento. Entre a diretividade autoritária e a não diretividade liberalista, nós optamos pela diretividade democrática.

RS – É fundamental. As crianças se reúnem na roda e determinam todas as regras na escola que é possível a elas determinar. Tivemos um caso muito interessante. Um desses meninos da história do *videogame* que contei antes começou a ficar na biblioteca durante muito tempo e um dia derrubou uma estante cheia de livros. Então, uma das crianças falou: *Vamos levar o caso para a roda*. E a primeira decisão da roda, surgida da sugestão de alguns meninos pequenos, era de que ele deveria ficar amarrado a uma árvore por dois dias. Mas eles ficaram conversando e discutindo sobre em que árvore seria, quem falaria com a mãe do menino, que aconteceria se fizesse muito frio, e se chovesse no meio da noite. Assim, aos poucos, eles trocaram aquilo por uma regra que era três dias sem poder entrar na biblioteca. No segundo dia o menino achou demais e convocou de novo a roda e aí a regra foi mudada. Agora, a regra em vigor, que está escrita lá, é: *Quem derrubar livros fica dois dias sem entrar na biblioteca.* Essas regras são das crianças. Para os muito pequenos, de três, quatro anos, há uma muito interessante. Um pegava o brinquedo do outro, dava briga, o outro saía e dava com o brinquedo na cabeça do primeiro e tal. Isso era perene. Num certo momento, nós falamos: *Vocês querem montar uma regra?* E a regra que apareceu dos pequenos foi a seguinte: *Brinquedo que está no chão está disponível.* Então, quem estiver usando um brinquedo deve colocá-lo em cima de alguma coisa, porque se estiver no chão qualquer um pode pegar. E está em vigor desde então.

GD – Isso realmente funciona. Quando criamos a Cidade Escola Aprendiz, ficamos em volta de um beco que era usado por traficantes de drogas. E nós demos uma função para o beco e o transformamos em uma sala de aula para grafiteiros e pichadores. Então, ele se tornou uma sala de aula para os pichadores e também ficou bonito. Mais tarde, conseguimos iluminar o beco e agora a área virou um parque. Mas, à medida que isso foi acontecendo, os traficantes foram ficando cada vez mais irritados e começaram a quebrar as coisas a fim de retomar o beco e começou a haver uma guerra para ver quem tomava conta da área. Era um problema sério, chegamos até a pensar em abandonar o galpão, porque havia crianças pequenas. Uma praça, que era um canteiro abandonado, virou uma sala de aula e o beco virou um ateliê. Criou-se todo um complexo com atividades e muita gente circulando. Procuramos, então, estabelecer um combinado com os traficantes: *Olha, tem crianças pequenas aqui, isso não é possível.* E eles: *O que a gente ganha em troca?* Fomos tentar localizar os irmãos mais novos dos traficantes, tentar dialogar com as mães. Mas sempre havia muita tensão. Quando eles começaram a perceber que seus irmãos mais novos estavam frequentando as aulas, que as irmãs usavam a área, que seria ruim para todos, decidiram, por conta própria, que ali seria um lugar preservado. Num determinado momento, alguns começaram a vir para os ateliês do Aprendiz aprender como se faz mosaico. Nós ganhamos a guerra. Notei que quando o combinado é realmente uma via de mão dupla, ele é respeitado.

Projeto de vida

GD – Antonio Carlos, já que estamos falando de disciplina, combinados, e como você lidou com casos extremos de indisciplina, queria que você comentasse a história da menina que furou o olho da mãe com uma tesoura. O que esse caso lhe ensinou sobre a questão do aprendizado?

AC – Quando saí da faculdade, fui dirigir a escola da Febem. Eu gostava de ler os prontuários das meninas para poder compreender a conduta atual delas. Eu lia o laudo psicopedagógico, o estudo social do caso e o exame médico, que eram, junto com a carta de guia do juiz, os documentos técnicos que compunham o prontuário. Essa menina que você citou, Gilberto, foi uma das histórias mais trágicas que conheci. Ela vivia em uma família que a maltratava muito. A mãe vivia com outro homem, e esse padrasto tinha uma relação muito conflituosa com a menina. Ela não era filha do chefe da casa e, um dia, numa briga com a mãe, ela jogou uma tesoura que entrou no olho da mãe, atingiu o cérebro e a mãe morreu. Ela foi para lá como uma menina que matou a própria mãe, uma história carregada, muito trágica. Na Febem, essa menina sabia aproveitar as oportunidades educativas que surgiam. Ela fazia os pequenos cursos que eram oferecidos – datilografia, atendente de enfermagem, artesanato. Participava do coral, do time. Eu via nela uma grande determinação em estudar – parecia um mata-borrão. E outras meninas, que não tinham uma história de vida tão terrível, desperdiçavam oportunidades educativas. Eu ficava pensando até que ponto o passado de uma pessoa determina sua situação presente. Foi esse caso que me ajudou a compreender o que distinguia essa menina das demais. Comecei a observar a expectativa de cada uma em relação ao futuro, a maneira como elas se relacionavam com seu querer ser. Quando a pessoa tem um projeto de vida, quando é um ser autoproposto, isso é mais determinante na sua conduta presente do que o passado. Passei então a observar mais sistematicamente as pessoas bem-sucedidas, notei que elas eram orientadas para o futuro, que tinham uma ideia do que deveria acontecer com suas vidas um pouco mais à frente do que as outras. E isso era muito importante. Escrevi um livro sobre isso intitulado *Aventura pedagógica*, onde essa história foi contada em detalhes.[19] Ter ou não ter um projeto, eis a questão. A partir daí, nosso trabalho foi orientado por esse objetivo: fazer com que as meninas pudessem visualizar o futuro, tivessem uma postura mais propositiva, e desenvolvemos uma série de ações na direção de

---

19. COSTA, Antonio Carlos Gomes da. *Aventura pedagógica: Caminhos e descaminhos de uma ação educativa*. 2ª ed. Belo Horizonte: Modus Faciendi, 2001.

tornar o educando um ser autoproposto. A adolescência é o momento ideal para isso, pois as duas tarefas da adolescência são construir a própria identidade e um projeto de vida.

GD – O fato de ter projeto é o que mede a autonomia que o indivíduo tem na vida, ou que ele acredita ter.

AC – Sim, ele se torna mais pró-ativo. E autonomia no sentido de saber o que faz e o que não faz sentido para ele. Por quê? Porque se a pessoa já tem uma certa orientação, ela tende a receber bem aquilo que faz sentido para ela, ou seja, aquilo que a encaminha na direção pretendida, e fica mais fácil rejeitar, por exemplo, uma gravidez precoce ou as drogas, justamente porque isso não faz sentido dentro do projeto de vida que a pessoa elegeu. Vejam que interessante: Maria José, minha esposa, trabalhou em colégios particulares, dirigiu jardins de infância, dava aulas particulares de piano – enfim, ela lidou bastante com meninas da classe média. Quando ela foi para a Febem, a assistente social dizia: *Essas meninas não vão casar, são meninas que já passaram por muitos reveses.* Basicamente, nossas educandas vinham da delegacia, eram meninas que, por algum motivo, tinham ido parar na polícia. Por isso, as pessoas acreditavam que elas não conseguiriam formar uma família, que não devíamos ficar falando sobre esse tipo de assunto com elas, porque isso poderia causar frustração nelas. Maria José fez justamente o contrário. Disse às meninas: *Eu acho que vocês não são diferentes de mim, de* *ninguém. Vocês podem casar, sim, e constituir a família de vocês*. E começou a trabalhar não o que aquelas meninas tinham de diferente, mas sim o que elas tinham em comum com todas as adolescentes. Certo dia, veio um rapaz pedir a mão de uma menina em noivado. Eu conversei com o rapaz e convidei os pais dele para ir lá e fizemos um jantar. Essa menina se casou algum tempo depois. Resumindo, umas oito ou dez meninas que viviam lá na época se casaram. Eu fui várias vezes padrinho de casamento e padrinho do primeiro filho, porque, com frequência, elas não tinham muitos parentes nem amigos. Então, retomando o que eu dizia, eu entendo que projeto de vida é mais do que fundamental para o ser humano. Vale lembrar uma frase do **Sartre**: *O importante não é o que fizeram de nós, mas o que faremos com aquilo que fizeram de nós*. Exploramos muito essa noção com as meninas, justamente para criar uma orientação para o futuro.

GD – O que também o ajudou nesse sentido foi o estudo sobre o que acontecia nos campos de concentração, não é?

Sartre

AC – É verdade. Foi essa questão do projeto de vida. Baseado nessa experiência, fiz uma escala do desenvolvimento pessoal e social do adolescente, do jovem. Essa escala resume décadas de leitura de psicologia do desenvolvimento, projeto de vida, temas desse tipo. Sua representação é uma escada de 12 degraus. A base da escada, o primeiro degrau é a identidade: a pessoa precisa se compreender e se aceitar. Sem autoaceitação e autocompreensão, não existe desenvolvimento pessoal. O segundo degrau da escada é a autoestima. Sem se compreender e se aceitar não é possível gostar de si mesmo. O terceiro degrau é o autoconceito. O autoconceito é a autoestima refletida no plano mais racional, ter consciência da autoestima é o autoconceito, ter uma ideia boa a respeito de si mesmo. Depois, a autoconfiança. O que é a autoconfiança? Não é autossuficiência. É a pessoa saber que tem forças, apoiar-se primeiro em suas próprias forças e, se necessário, pedir ajuda. É a autoconfiança que faz a pessoa olhar sem medo para o futuro. Na escola da Febem, as meninas infratoras tinham medo de pensar no futuro, era o assunto que mais detestavam. Elas não tinham uma visão *desejante* do futuro e, por isso, viviam muradas no aqui e no agora, no imediatismo. Quando a pessoa tem autoconfiança, ela tem uma visão destemida do futuro. Quando se olha o futuro sem medo, surge o querer ser, surge o desejo de futuro, isto é, o sonho. O querer ser é o sonho, ainda não é o projeto de vida. O projeto de vida é o caminho que se traça entre o ser e o querer ser, com etapas, com tempos. Se o aluno está na 7ª série e quer estudar medicina, ele tem de cursar a 8ª série e todo o ensino médio, depois prestar vestibular, ingressar na faculdade e estudar muitos anos para se formar. Assim, o projeto de vida é esse caminho entre o ser e o querer ser. Do projeto de vida nasce o que chamei de *autotelia*. *Telos* é a finalidade, então, você estabelece um objetivo na vida. O projeto de vida dá nisso, que é o sentido da vida. A *autotelia* é o sentido. A pessoa cuja vida faz sentido para si mesma sabe analisar situações e tomar decisões diante delas em função desse sentido que ela atribui à sua vida. E é desse sentido que nasce a autonomia. Quando a vida da pessoa é dotada de sentido, ela tem um norte, não é preciso ficar buzinando na cabeça dela, dizendo o que ela tem de fazer, porque ela já tem uma orientação. Essa autonomia leva à autorrealização. E o que seria a autorrealização? Para mim, não é propriamente *realizar* o projeto de vida, mas cada passo dado na direção desse projeto. Por exemplo, no caso do jovem que deseja ser médico: quando ele passa da 7ª para a 8ª série, isso significa que está no caminho certo, que ele não está parado nem andando para trás. Então, cada passo que se dá na direção do projeto traz consigo a sensação de autorrealização. A pessoa sente capacidade de resistir às adversidades, utilizando-as para crescer.

GD – É por isso que eu perguntei. Soube que você estudou muito como as pessoas sobreviviam aos campos de concentração.

AC – Eu disse isso para chegar lá, Gilberto. Então, o topo dessa escada é a plenitude humana. São aqueles momentos na vida da gente que **Maslow** chamava de momentos de culminância, em que *o ser e o querer ser se abraçam*: a formatura, o casamento, o nascimento do primeiro filho, o primeiro emprego, a compra da casa própria etc. São aqueles momentos em que o ser e o querer ser se unem, os momentos de plenitude. Eu me inspirei muito em Viktor **Frankl** para construir essa visão. Frankl era um judeu, psiquiatra em Viena, que foi levado a um campo de concentração, em Auschwitz. Quando chegou àquele inferno, ele tomou três decisões: *Primeiro, vou sair vivo daqui. Segundo, vou usar minhas habilidades médicas para diminuir o sofrimento das pessoas que estão aqui comigo. Terceiro, vou aprender*. Ele falou: *De alguma maneira, isso aqui também é um privilégio, porque um profissional de saúde mental ter um laboratório como este sobre o comportamento humano é algo raríssimo. Há um estranho privilégio nessa minha condição de prisioneiro. Vou aproveitá-la para aprender*. E lá ele observou que as pessoas que conseguiam resistir ao sofrimento eram aquelas com uma visão muito clara do que ainda tinham de fazer na vida – o que lhes permitia não sucumbir ao trabalho duro, à inanição e a muitas condições adversas, sobreviver e superar a experiência traumática. Utilizar as adversidades para crescer, crescer nas adversidades, procurar aprender. Como lá não havia lápis nem caderno para

Maslow

Frankl

escrever, Frankl deitava no catre à noite, fechava os olhos e imaginava o salão nobre da Universidade de Viena, as pessoas sentadas, bem alimentadas, agasalhadas, o salão aquecido, enquanto ele sentia muito frio no campo de concentração. Ele se imaginava chegando, bem alimentado e agasalhado, e sentando-se para dar um curso: *psicologia do campo de concentração*. Assim, ele foi montando as aulas. Durante o dia, ele observava os acontecimentos e tentava aproveitar alguma coisa para seu curso. E assim nasceu a *logoterapia*, uma corrente da psicoterapia, também conhecida como psicologia do sentido de vida.

RS – Isso retoma a questão da vocação, de que falamos antes. E também, de certo modo, explica a razão pela qual Summerhill e outras escolas similares tiveram tantas dificuldades (e ainda têm): a sensação da sociedade é a de que as crianças que não têm vocação, que não sabem o que querem, entram no ciclo da famosa síndrome de distração.

GD – Conhecida por *distúrbio de déficit de atenção*.

RS – Há 8,1 milhões de crianças nos Estados Unidos que são diagnosticadas como portadoras de *distúrbio de déficit de atenção* – não conheço os números no Brasil, mas a quantidade é crescente. É como se dissessem à criança: *Você não se encaixa*. É claro que diante de atos violentos, como jogar uma tesoura na mãe, é mais fácil perceber que há algum problema. Mas se, por exemplo, um aluno simplesmente está achando as aulas uma chatice sem fim, também nesse caso considera-se que ele "não se encaixa" e, talvez, ao final de um processo, acabem lhe dando um remédio qualquer para que preste atenção no que está sendo dito. Esse é, muitas vezes, o mecanismo utilizado: dar remédio para a criança prestar atenção em algo monótono – o que é um crime, um caso de polícia. Summerhill, na verdade, não foi adiante talvez porque lidasse com crianças problemáticas.

GD – Aquelas que já tinham dificuldade de adaptação.

RS – Elas se congregavam lá. Seu idealizador, Alexander **Neill**, tentava fazer o possível. Hoje em dia, não faria muito sentido pensar uma *escola sem sala de aula* que procurasse seguir o modelo romântico de Makarenko, de **Tolstoi**, com sua fazenda e os camponeses. A pergunta fundamental é: *Como aumentar a chance de que jovens de 17 ou 18 anos não sejam confrontados com uma decisão vocacional fora de hora?* Do meu ponto de vista, pouquíssimas crianças – não sei qual a porcentagem, mas talvez uma em cada três, uma em cada quatro – chegam aos 17 ou 18 anos com uma ideia clara do que querem pela frente. É certo que haverá um momento na vida em que a pessoa só conseguirá sobreviver a situações adversas se souber o que quer para o futuro, como no exemplo extremo dos campos de concentração. No entanto, em qualquer

Neill

Tolstoi

sistema escolar atual, ou do passado, que jovens são capazes de tomar uma decisão vocacional? Estamos encaminhando, via escola, uma criança que saiba o que fazer com sua própria vida quando chegar a essa idade?

AC – Há aí a questão da maturação. É muito difícil conciliar o aspecto ontológico, o próprio do ser, e o aspecto cronológico. Há jovens que, com 14 ou 15 anos, já amadureceram uma decisão sobre o futuro. O perigoso é tentar estabelecer a idade cronológica em que se deve decidir, sem levar em conta a maturidade de cada um. Nesse sentido, em termos de psicologia da aprendizagem, a teoria das inteligências múltiplas de Gardner é de grande importância. Ele não é um psicólogo da aprendizagem, nem da área cognitiva, ele é um psicólogo do desenvolvimento que trata da aprendizagem. Por vezes, há vocações que desabrocham muito cedo – como para a música, as artes plásticas e muitas outras. Mas há também aquelas que levam mais tempo para se manifestar. É sabido dos educadores que cada aluno tem um ritmo próprio de aprendizagem. Do mesmo modo, cada ser humano também tem seu próprio ritmo no que se refere ao autodiscernimento e ao autodesenvolvimento. Às vezes, a pessoa é capaz de discernir sua vocação antes dos 18 anos. Acredito que alguns consigam e outros necessitem muito mais tempo para se decidir.

O que ensinar para quem

GD – O Antonio Carlos falou sobre a questão do projeto de vida, que é um eixo muito importante da nossa discussão aqui. Se bem entendi, Ricardo, o fundamental da Escola Lumiar é criar seres autônomos, protagonistas. Quando se estuda a história da educação, percebe-se que há duas questões recorrentes: *o que* ensinar *para quem*. Então lhe pergunto: Quando se pensou a Lumiar, a ideia do protagonismo era essencial, ou seja, o princípio era o de educar as pessoas para que elas acreditassem em si mesmas e desenvolvessem seus projetos de vida?

RS – Acho que os aspectos de *projeto* e de *saber o que se vai fazer* não nos preocupam muito na Lumiar. Tentarei explicar. Participei de um congresso muito interessante de uma das faculdades da Universidade da Califórnia, a CalTech, que é dirigida para a área técnica. Era um congresso médico-geneticista. Eles perguntaram a idade do meu filho e me disseram que, considerando os desenvolvimentos genéticos atuais e a possibilidade já disponível de retardar o envelhecimento das células, ele poderá viver mais de 120 anos. Vejam que extraordinário! Não conseguimos nem começar a imaginar... Digo isso porque me lembro sempre desse dado quando penso nas crianças da Lumiar, entende? Quando olho para elas e penso que vão viver 120 anos ou mais, a ideia de um projeto de vida começa a se esvaecer, se dilui. Façamos uma conta simplificada. Hoje, nossa vida poderia ser dividida assim: estudamos um terço do tempo, trabalhamos outro terço e no último terço estamos aposentados. Isso já não dá certo. Essa conta quebrou a seguridade social do mundo inteiro. Um terço para cada fase resultou num grande problema. No novo formato que se desenha, o meu filho, por exemplo, poderia estudar 25 anos, ser arquiteto por 25 anos e se aposentar; depois voltar a fazer faculdade e ser médico por 25 anos e se aposentar; ir novamente para a faculdade, ser engenheiro por 25 e se aposentar. Isso ainda parece inconcebível! E aí eu puxo esse elástico para perguntar se projeto para o futuro é fundamental. E chego à conclusão de que talvez não. Talvez, saber quem eu sou e ser um cidadão pleno, protagonista, sejam variantes da mesma ideia. Mas o cidadão completo, aquele que chega aos 17, 18 anos e nós soltamos para o mundo como alguém que sabe procurar o que lhe interessa, que sabe criar uma autodisciplina, se imaginar no contexto, esse indivíduo está pronto para qualquer uma dessas variantes, inclusive para ter três carreiras ou passar 15 anos em Ilhabela vendendo coco para, depois, voltar e ser um grande médico. Parecem coisas contraditórias, mas na verdade são absolutamente complementares. Quando eu falava das pessoas que vêm à Semco, elas vêm para se encaixar, se enquadrar, e se as relações no trabalho são dinâmicas, e vão se transformando, as pessoas ficam inconformadas.

GD – Então, a sua empresa o ajudou a pensar a sua escola. O que você viu da atitude humana na empresa foi que as pessoas são acomodadas e que é mais difícil lidar com uma situação em que todo mundo tem de decidir?

RS – Sim, mas não acho que as pessoas sejam acomodadas. Elas foram constrangidas a uma conformidade. Elas vêm e estão prontas para sentar e ouvir como é, como funciona, o que se espera delas. Mas quando lhes devolvemos o poder de escolha e dizemos que façam da vida o que acharem melhor, descobrimos que elas não eram acomodadas.

GD – Mas aí tocamos em outro ponto que me parece central: a responsabilidade que deriva dessa liberdade. De alguma forma, o que você está dizendo é um dos pilares da Lumiar, pelo que pude entender. É mais difícil trabalhar assim, pois exige um grau maior de responsabilidade.

RS – É, e mais incômodo também. Porque se a pessoa for trabalhar no Banco do Brasil ou na GM e aprender as regras – *Como é que é? É assim, eu me visto desse modo, com meu chefe eu falo assim, para este eu mando cópia, para aquele não mando... Pronto! Entendi tudo* –, ela acha que pode ficar lá 30 anos, sair, ganhar um relógio de ouro e se aposentar numa cidade do interior. Isso é perfeitamente possível e a pessoa aprende rapidamente a sobreviver. Na Semco, dizemos que não faz diferença nenhuma quantas horas o indivíduo trabalha, a que hora vai para a empresa, como se veste, mas contratamos o famoso combinado – volto ao combinado – um a um. Por exemplo: *Você vai vender 512 bugigangas nossas por mês? – Não, 512 eu não vendo. Vendo 488. Certo, 488. Agora, por favor, não me conte o que você está fazendo, como ou onde. Apenas venda as 488 bugigangas.* Há diversos aspectos de nosso condicionamento que acabam determinando nosso comportamento. Estou lançando um livro nos Estados Unidos chamado *Seven-day weekend*, que depois será lançado no Brasil também. A ideia central do livro é a de que já não faz sentido a estrutura de cinco dias dedicados ao trabalho e dois ao lazer. Então, quando estou *on-line* domingo à noite – isso deve acontecer com várias pessoas –, recebo resposta imediata de mais ou menos um terço dos *e-mails* que mando. Portanto, as pessoas estão *on-line* domingo à noite. O que aconteceu, em termos de sociedade, é que nós aprendemos a trabalhar em casa no domingo à noite, mas ninguém ainda aprendeu a ir ao cinema na segunda-feira à tarde. Isso certamente vai causar um desequilíbrio. Então, dizemos ao nosso pessoal: *Vá ao cinema segunda à tarde.* Só que ninguém sabe fazer isso. Se a pessoa sai do cinema e ainda é dia, ela se sente muito mal.

AC – Ricardo, há pouco, me lembrei de seu primeiro livro, o *Virando a própria mesa*. Quando você falava do seu projeto pedagógico, creio que você se referia a um conceito de homem que fosse mais funcional, que funcionasse melhor nesse tipo de mundo de trabalho que você, tão brilhantemente, prefigurou com sua experiência. Uma vez li alguma coisa assim num livro sobre o futuro do trabalho.[20] Era uma obra de dois autores americanos, do Centro de Estudos Noiéticos de Salsalito, na Califórnia, e eles o citavam. Constava algo como: *O brasileiro Ricardo Semler e a sua experiência – da sua empresa – como prefigurativas de um novo mundo do trabalho.* Parece que você sentiu os desafios e viu os limites e as possibilidades nas relações do ser humano com o trabalho, que você preconiza e prefigura na sua empresa. Vejo que você volta e vai rever a educação, vai passar a educação a limpo para revisitar esse processo e para formar o ser humano desse novo mundo do trabalho. Vejo que você tem uma visão diferenciada das relações do homem com o trabalho, e aí se vê a educação. O ideal brasileiro da educação é aquele que o Gilberto falou. As perguntas fundamentais de qualquer construção pedagógica são: Que tipo de pessoa queremos formar? Para qual sociedade? Qual a nossa visão de conhecimento? Então, toda a educação se estrutura sobre uma visão do ser humano, uma visão do mundo e uma visão do conhecimento que vai mediar a relação desse ser humano com o mundo e seu funcionamento. Eu vejo que sua escola está procurando responder a essas questões. E aí surge a questão do protagonismo.

---

20. HERMAN, Willis e HORMAN, John. *O trabalho criativo.* São Paulo: Cultrix, 1990.

Protagonismo

GD – Antonio Carlos, acho que pouca gente sabe que você foi o responsável pela disseminação do conceito de protagonismo juvenil no Brasil. Se não me engano, esse conceito se disseminou a partir dos estudos na Bahia, por intermédio da Fundação Odebrecht. Seria interessante que você definisse claramente o que é protagonismo. Tenho lembrança de uma frase sua que é mais ou menos assim: *O protagonista é aquele que é agente e beneficiário da ação*. Então, gostaria que você falasse um pouco sobre *protagonismo* e sobre sua relação com a ideia de *escola sem sala de aula*.

AC – Eu encontrei a palavra protagonismo em um texto de um americano chamado Roger **Hart**. Ele falava das crianças e dos adolescentes como sujeitos e não como objetos. Fui ao dicionário etimológico e procurei a palavra *protagonismo*. Descobri que *protos* significa o primeiro, o principal, e *agon* significa luta. Assim, na Grécia, o *protagonista* era o lutador principal de um torneio, o detentor do título, e o *antagonista* era o outro que vinha desafiá-lo. Depois, a literatura se apropriou da ideia: o termo passou a ser utilizado para designar a personagem principal da trama literária. Também o teatro

Hart

e, mais recentemente, a teoria política passaram a usar esse termo. E ainda Alain **Touraine** fala do ator protagônico na teoria dos atores sociais. Então comecei a relacionar essa noção com a questão da educação, na época em que deparei com o trabalho da Fundação Odebrecht. Eles trabalhavam há dez anos com adolescentes e me chamaram para fazer uma sistematização do trajeto percorrido. Eles tinham a seguinte metodologia: o adolescente participava das ações desde a gestão, a geração da ideia, depois participava do planejamento, da execução, da avaliação e se apropriava dos resultados. Pensei: O que é isso? Que nome dar a isso? Então, resolvi chamá-lo de protagonismo. Sou um educador brasileiro que gosta muito da nossa tradição pedagógica. Principalmente de Anísio Teixeira, Paulo **Freire**, Darcy Ribeiro, Fernando de **Azevedo** – os grandes educadores brasileiros. Acho que nós temos uma herança interna muito rica. E o ideal de homem, o conceito de homem da educação brasileira é aquele do artigo segundo da LDB: *A educação é direito de todos, dever da família e do Estado e terá como base os princípios de liberdade e os ideais de solidariedade humana*. Vejam isso: a liberdade como princípio – aquilo de que não se pode abrir mão – e os ideais de solidariedade humana como objetivo a ser perseguido. *E terá*

Touraine

Freire

Azevedo

como finalidade a formação plena do educando. Aí me vieram as indagações: *O que é isso de formação plena? Será o percurso do ensino fundamental até o ensino superior e a pós-graduação?* Percebi que a formação plena tinha de ser desvinculada da escolaridade. Há pessoas simples, com pouca escolaridade, que nos passam a sensação de plenitude e outras, com pós-graduação, que não passam essa mesma sensação de inteireza humana. Para mim, quem decifrou esse enigma foi o Gilberto Gil: "*Meu caminho pelo mundo eu mesmo traço. A Bahia já me deu, graças a Deus, régua e compasso. Meu caminho pelo mundo...*" é um projeto de vida. "*Eu mesmo traço*" é a autonomia. E quem é "*a Bahia*"? Quem "*deu* [a ele] *régua e compasso*"? A educação familiar, escolar e comunitária que ele recebeu. E "*régua e compasso*", o que são? Bons critérios para avaliar situações e tomar as decisões necessárias. Se você tem um filho e ele vai estudar em outro país ou em outra cidade, sozinho, o que você mais quer é que ele saiba avaliar situações e tomar decisões diante delas. É isso que os pais esperam – esse é o teste, a hora da verdade da educação que lhe deram quando criança e adolescente.

Gil

GD – Aliás, falando do Gilberto Gil, um dia perguntei a ele: *Como você aprendeu a estudar?* Ele respondeu: *Sabe, quando eu era pequeno, eu nunca ia à escola. Minha avó achava que a escola ia ser perda de tempo. Então, de manhã, eu ficava na cozinha e minha avó, que era professora, ficava* *lendo para mim. Havia todas aquelas mulheres cozinhando...* Parece que existia um restaurante ao lado da casa dele, então as pessoas faziam a comida, enquanto a avó lhe ensinava a ler e a escrever. À tarde, creio que a avó preparava arranjos de flores, que era um outro negócio dela. Ele ficava sempre do lado da avó: de manhã, era aquela cozinha, com as mulheres sempre falando; à tarde, eram as flores para fazer arranjos. Ele me disse: *Eu aprendi a ler e a escrever, a cultuar as palavras, em meio a cheiros e cores da comida e das flores.* Você sabia dessa história, Antonio Carlos? E ele conta que depois foi a Salvador estudar em uma escola que tinha milhares de alunos. Ele entrou na escola e desmaiou. Assim que ele passou o portão e viu aquele mar de gente, muito movimento, muito ruído, ele não sabia como lidar com tudo aquilo. Então, já que você citou o Gil, para ele a palavra e a poesia já nasceram juntas, porque nasceram com cheiros e cores.

AC – Maravilhoso isso! Pois bem, a formação plena do educando, sua formação para o exercício da cidadania e sua qualificação para o trabalho, esse princípio da educação brasileira, para mim, é isso: ter bons critérios para avaliar situações e tomar decisões. Posteriormente isso veio a ser reforçado pela leitura do livro *O desenvolvimento como liberdade*, de Amartya **Sen**, em que ele defende que todo mundo nasce com um potencial e tem o direito de desenvolvê-lo. Acredito nisso – e a educação é a

Sen

melhor estratégia que existe para desenvolver o potencial do ser humano.

RS – Mas não é muito teórico esse direito? Porque, de novo, o artigo segundo fala da liberdade e não há uma só escola nesse país que dê liberdade para o aluno. Como se aprende a liberdade no futuro sem liberdade nenhuma agora, e como se vira protagonista sem liberdade de sê-lo?

AC – Nós caímos nessa situação pela infidelidade aos fundamentos da educação brasileira. O ideal generoso de Anísio Teixeira estava bem expresso na escola-parque. Há um livro da Terezinha Éboli que se chama *Uma escola diferente*, em que ela narra todo o cotidiano de uma escola-parque na Bahia. Ali, vê-se que a formação plena do educando é formar a pessoa autônoma; prepará-lo para o exercício da cidadania é formar o cidadão solidário; contribuir para sua qualificação profissional é ajudá-lo a desenvolver as competências para o mundo do trabalho. Quando o Anísio Teixeira escreveu isso? Em 1948, quando foi para o Congresso o projeto de lei da LDB que só seria aprovado em 1961. O então ministro da Educação, Gustavo **Capanema**, dizia que o ensino primário (aquele básico, que formava a todos, pessoas cumpridoras do dever) e o ensino secundário (o ginásio e o científico clássico) eram para formar as individualidades condutoras. Quer dizer, ele tinha essa visão da sociedade. O sistema de

Capanema

ensino robusto brasileiro, que nasceu depois da Revolução de 1930, não mudou seus ideais com a LDB, ele continua até hoje. Esse sistema de ensino tratou sempre quantidade e qualidade como irmãs inimigas: onde uma entra, a outra sai. Então, diante dessas dificuldades, o ideal antropológico de que estamos falando, isto é, a *escola sem sala de aula*, o bairro-escola, a comunidade educativa, são variantes da educação ativa, fazem parte do movimento de educação ativa que surgiu no século XIX, que entrou pelo século XX adentro, com Makarenko, Dewey, Célestin Freinet e, no Brasil, Anísio Teixeira. Muitos educadores no mundo tinham essa visão. E o que une esses pensadores da educação? É o educando – e essa é a questão, Ricardo – como fonte, não como recipiente.

GD – É o contrário de *alumnu, alumni*. A palavra "aluno" vem do latim *alumnu*, que quer dizer *sem luz*. Nessa outra concepção, o aluno é portador da *luz*.

AC – O aluno como fonte.

RS – Aliás, é de onde veio o nome da Lumiar – que, no interior, algumas pessoas dizem *alumiar*. O nome da escola vem tanto da ideia de *lançar a luz sobre*, como também da noção de *passar de um limiar*.

Arco e flecha

AC – Então, falávamos do educando como fonte. Mas fonte de quê? Nessa visão do protagonismo, podemos vê-lo como fonte de três atitudes: 1) fonte de autonomia ("meu caminho pelo mundo eu mesmo traço"), de liberdade para fazer escolhas; 2) fonte de ação, de iniciativa, e 3) fonte de compromisso, de responsabilidade com suas ações e suas escolhas. Portanto, o aluno como fonte de liberdade-opção, iniciativa-ação e compromisso-responsabilidade. O protagonismo é isso: o educando como fonte dessas três atitudes. O ser humano não será protagonista se não for fonte de escolhas consistentes, fundamentadas, se não for fonte de iniciativas coerentes com suas escolhas. Tampouco o será se não se responsabilizar pelos resultados, tanto positivos quanto negativos, do que faz.

GD – Voltando ao conceito de *escola sem sala de aula*, eu queria fazer alguns comentários e retomar alguns pontos. Ao analisar o desenvolvimento histórico dos conceitos de educação e de escola, fica clara a necessidade de redefinição do tempo e do espaço de aprendizagem, a fim de promover o desenvolvimento de seres autônomos em uma relação diferenciada com o conhecimento. Mas a questão da responsabilidade, que acabamos de referir, é fundamental aqui. Na minha experiência em vários projetos educativos – o bairro-escola é um deles –, quanto mais responsável é o aluno, melhor ele aprende. Quando começamos a trabalhar na Vila Madalena, em São Paulo, estimulamos as crianças e os jovens a cuidar do bairro, do beco, do jardim. Com isso, eles percebem seu valor, sentem que transformam o ambiente, ao mesmo tempo em que são beneficiários das transformações. Então, eles já não jogam papel no chão – e até os traficantes sentem que têm de mudar de atitude, pois ele vêem a praça, antes abandonada, revigorar. Depois disso, esses jovens começam a criar uma relação de responsabilidade com eles próprios. Sabem, uma vez li que, nas artes plásticas, o ponto de fuga nasceu na época do Renascimento. Antes disso, ao se olhar um quadro, não havia um ponto de fuga. Eu só fui entender isso claramente com os grafiteiros no beco-escola: de repente, eles estavam criando pontos de fuga nos trabalhos deles. Então ficou claro que o ponto de fuga nasce com uma nova perspectiva. No caso deles, essa perspectiva nasceu com o compartilhar e com a questão da responsabilidade. Aí os comerciantes da região começam a participar, aparecem médicos querendo ajudar os garotos, enfim, várias pessoas da comunidade também querem ajudar. Acho que se nós começarmos a sintetizar nossa conversa sobre a *escola sem sala de aula*, vamos perceber que se começa a trabalhar com um novo tempo, um novo espaço, em que é muito mais importante o presente e o futuro, sendo que o futuro aparece com uma noção de presente. Quando o Antonio Carlos falou de sua escala de 12 etapas, eu me lembrei da *tese do arco e flecha*. Todo educador deveria ensinar às pessoas a *tese do arco e flecha*: você mira sua flecha no futuro, mas tem que puxar seu arco do passado. O nosso passado nos dá energia, mas temos de olhar o futuro. Cito o caso de uma moça que estudou no Aprendiz e depois entrou na faculdade de educação. Ao ter contato com aquelas noções complexas de pedagogia e teleologia, um dia ela me disse: *Puxa, agora entendi o que estou fazendo na minha vida. Estou refazendo o que sempre fui, mas mirando no futuro.* Ou seja, ao ser responsável em relação à comunidade, ela se tornou responsável. Outro ponto que eu queria retomar é que a noção de *escola sem sala de aula* é também uma variante da cidade-escola, isto é, da comunidade ser um processo de aprendizado o tempo todo.

Illich

McLuhan

Antonio Carlos, como é que se justifica no tempo a ideia da cidade-escola, de comunidades de aprendizagem? Parece-me que ao falar em *escola sem sala de aula*, na verdade, pensamos o mundo cheio de salas de aula, não é?

AC – Nos anos 70, Ivan **Illich** escreveu o livro *A sociedade sem escola*. As ideias defendidas por Illich estavam ligadas ao desenvolvimento das comunicações, à *aldeia global*, no sentido do conceito criado por **McLuhan**. A escola perderia a função de *locus* da aprendizagem, porque a aprendizagem estaria difusa no tecido social de diversas maneiras. O interessante é que, se observarmos esse momento histórico, veremos que ocorre justamente uma retomada do ideal de educação da Grécia Antiga, de que falávamos antes. Para formar o homem grego, foi criada uma complexa estrutura de recursos. E como funcionava a educação grega? Inicialmente, o *pedagogo* era o escravo que conduzia a criança pela mão – ele a levava para as diversas atividades que a *polis* oferecia. Ele levava a criança ao templo, ao liceu, ao ginásio, ao teatro e, assim, o ser humano ia se formando. Vejam, hoje, o logotipo da Unesco é o frontispício do *Parthenon* de Atenas. Quer dizer, esse ideal atravessou a história e serve de logotipo da principal instituição de educação do mundo. Em meados da década de 70, a Unesco publicou um relatório chamado *Aprender a ser: O relatório Edgar Faure*, onde constam 21 teses para a educação do século XXI. Pois o conjunto de tais teses apontava para um ideal, uma utopia: *A cidade educativa*. Ou seja, nesse documento encontra-se a noção de que a distância entre o lar e a escola não fosse apenas um espaço de ir e vir, mas fosse também um espaço educativo capaz de exercer uma influência construtiva na vida dos educandos. Acho que a Cidade Escola Aprendiz, desenvolvida pelo Gilberto Dimenstein, busca praticar essa utopia. Esse projeto na Vila Madalena, e depois difundido para outros territórios da cidade de São Paulo, traz essa ideia de que é possível capitalizar pedagogicamente tudo o que a cidade oferece –

cinemas, museus, bibliotecas, praças, monumentos etc. –, no processo de formação das novas gerações. Hoje, a escola de tempo integral é uma ideia ultrapassada, já não faz sentido. O que, sim, faz sentido hoje é a educação o dia inteiro, sem escola o dia inteiro. É o educando passar por muitos espaços, por muitas situações em que vai se formando. É preciso que a escola deixe a sua autossuficiência, deixe a sua completude e assuma a sua *incompletude*.

Responsabilidade social

GD – A escola deveria ser uma *holding*, digamos assim, do conhecimento? Uma organização que encara a comunidade como uma grande escola e vai gerindo os percursos educativos dos cidadãos? É mais ou menos isso?

AC – Justamente. Tenho evitado usar o termo *currículo*, porque essa palavra adquiriu um sentido muito acadêmico. Prefiro falar de *itinerários formativos*, pois assim está embutida a noção de movimento.

RS – Certo, mas tenho uma preocupação em relação a isso. Há uma saída fácil para todo educador, que é dizer: *Estou de acordo com tudo isso – habilidades, competências, protagonismo, respeito, liberdade. Essa é a minha escola, é a descrição da minha escola.* E não é. É uma grande mentira. Então, há uma saída muito fácil, que é dizer: *Eu concordo com o Antonio Carlos, é genial, é isso mesmo, a Unesco está com tudo.* Depois volta-se ao: *Espera aí, já se passaram 45 minutos, aula dois: química.* Dou um exemplo. Eu também me preocupo com a questão da responsabilidade social, como você, Antonio Carlos, que atua nessa área. Uma vez, em 1984, fiz a palestra de abertura de um Congresso de Responsabilidade Social, na Holanda. Havia cerca de 500 empresários presentes, tidos como de vanguarda, e eu lhes questionei no meu sistema de "por quês?". Por que eles atuavam daquele modo? Como caracterizavam uma empresa socialmente responsável? E dei alguns exemplos – o Brasil está repleto deles – de empresas que são absolutamente corruptas e exemplos de responsabilidade social. Vivem baseadas na corrupção do governo e são os melhores exemplos de responsabilidade social quando montam suas ONGs.[21] Algumas são mecenas das comunidades e fortalezas de discriminação interna. O Brasil está cheio disso. Então, o que estou dizendo é o seguinte: essa dicotomia é aceita. Essa mesma dicotomia pode ocorrer no universo educacional. O leitor poderá dizer: *Habilidades, competência, protagonismo, liberdade... É isso aí, é comigo mesmo* – mas, essencialmente, ninguém está fazendo nada disso. É fácil dizer: *Puxa, cidade-escola, atividade extracurricular, maravilha. Porque aqui eu faço tabela periódica e depois das duas da tarde ele vai pintar na Vila Madalena. Problema nenhum.* Agora, como é que se pode contaminar o sistema e realmente modificá-lo para que seja isso, de fato? Por exemplo, como respondemos a algumas dessas questões na Lumiar? Vocês sabem, há algumas escolas internacionais no Brasil que têm a preocupação de dar bolsas, mas elas não se integram realmente à comunidade. Na verdade, evitam o contato, propagam atitudes preconceituosas e discriminatórias.

---

21. Organizações Não Governamentais.

GD – Algumas desenvolvem ações eventuais, de fachada, como aquela visita rápida à favela.

RS – Então, o primeiro problema da Lumiar é atrair pais de elite. A escola tem um perfil demográfico que é o corte da sociedade, porque, para ser cidadão, é necessário ser essencialmente brasileiro e minimamente solidário. Na Lumiar, as crianças de classe média e alta de dois ou três anos de idade já convivem com crianças que nada têm. Então, há cinco categorias de mensalidade: a de mil reais, a de oitocentos reais, a de quatrocentos reais, a de duzentos reais e a de dez reais. Só temos inadimplência na faixa de dez reais. O pessoal de dez reais não consegue pagar. E nós temos gente que veio de invasões, pais que são de grupos de sem-teto das redondezas da escola. Eles moram em invasões, o pai e a mãe – quando há os dois – desempregados, e os filhos não têm como estudar. Nós perdemos uma criança, por exemplo, porque não havia maneira de financiar a vinda da menina para a escola por causa de passe de ônibus. E nós tínhamos tomado a decisão de não sermos paternalistas, o que é bem difícil. Acabamos perdendo a menina, que está numa Emei. Mas essa mistura de classes é o primeiro passo para essa solidariedade. Os pais milionários primeiro diziam: *Mas espera, o meu filho amanhã vai virar amigo deste, vai à favela, vai ser sequestrado.* Ato contínuo. Ou: *Essa criança vai vir na minha mansão e vai ser um susto quando chegar aqui e* *deparar com três empregadas.* Primeiro, o pressuposto é que nenhuma dessas crianças assiste a programas de televisão. Então, nunca viram novela da Rede Globo e não sabem que existem casas cheias de empregadas. Pois eu acho que não existe nenhuma criança acima de uma certa idade que já não tenha visto e já não tenha entendido isso. A única coisa é que ela não vive esse contato com a nata. Vejam que curioso o que já aconteceu na Lumiar, duas vezes, uma delas com a revista *Educação*. Eles queriam fotografar: *Deixem-me ver quais são os sem-teto, quais dessas crianças*. E duas vezes meu filho foi fotografado como sem-teto, porque ele é o que mais tem cara de sem-teto. Ele está sempre sujo, roupa rasgada, descalço, então ele é o sem-teto modelo da escola. Todo mundo o escolhe primeiro. Pode-se perguntar, hoje, sobre a criançada da Lumiar: *O que sabemos sobre problemas sociais nesse primeiro ano da escola? Ocorreu algum incidente nessa mistura de classes?* E a resposta é: *nenhum*. Não surgiu qualquer questão entre as crianças de 2 a 10 anos que tivesse a diferença de classe social como fonte. Agora, a solidariedade e a compreensão se desenvolvem aos poucos; alguns problemas poderão aparecer mais tarde. Aliás, não existe apenas a questão social. Por exemplo, no que se refere à faixa etária, na Lumiar, os grupos se formam por atividade. Então, se uma criança de quatro, outra de seis e duas de oito anos estão prontas para montar alguma coisa juntas, assim será. E isso é assustador para o educador tradicional, acostumado a separar as crianças por faixa etária, o que não tem sentido, uma vez que o aprendizado vertical é riquíssimo, como se sabe pelo aprendizado de rua.

GD – A sua ideia é chegar até o ensino médio?

RS – Nós já estamos trabalhando com crianças dos dois aos dez anos. Depois pretendemos chegar até o ensino médio, até os 18 anos. Rapidamente, em alguns anos. Não começamos com o ensino médio ao mesmo tempo porque estamos preocupados com esse preparo: se um menino de 12 anos, que passou a vida inteira em um colégio tradicional, for para a Lumiar e lhe for dada toda essa liberdade, de repente, do nada, com certeza ele ficaria dois anos jogando bola, em vez de dois meses, só de raiva do que o fizeram engolir antes.

GD – Agora vou fazer a pergunta que os pais fazem e que nosso leitor vai querer saber: Se alguém der para esse garoto três fios e uma rodinha, ele faz um carrinho que sai andando – coisa que outros meninos não vão conseguir. Mas ele vai ser capaz, em algum momento, de lidar com os códigos da sociedade, como o vestibular? Os pais certamente perguntam isso: *Ele está preparado para o vestibular?* Pois, pela minha experiência, nem o pai mais progressista consegue lidar bem com o fato de o filho não entrar no vestibular. Vejo isso pela escola dos meus filhos, que até a oitava série era muito liberal. Quando eles passaram para o ensino médio, o esquema já não era tão liberal, exigia-se que os alunos estudassem loucamente para entrar na faculdade. O que você me diz a esse respeito?

RS – Meu próprio exemplo é bom. Estudei em um colégio americano, não tinha nada do currículo brasileiro, estava o mais longe possível do vestibular. Eu não tinha a menor ideia do que era a gramática ou a biologia do currículo brasileiro. Como eu já tinha anos de escolaridade, eu tinha aprendido a procurar e aprender rapidamente. Então fiz o mesmo que todo mundo: frequentei seis meses de cursinho e fim da história. Assim, digo que uma criança que passar vários anos na Lumiar, aprendendo a buscar sua própria informação, autogerindo sua disciplina, participando de assembleias democráticas, usando a Internet, convivendo com tantos livros e mestres, ela faz um cursinho de três ou seis meses e passa no vestibular, oras bolas. E se não conseguir, talvez não passasse saindo de uma escola tradicional tampouco, não é? Também pressuponho que o vestibular será menos medíocre no futuro. Há uma história que costumo contar para os pais e que me parece exemplar sobre o tema: eu, no pior momento da minha vida, virei tema de vestibular. Esse é um ponto baixo da minha vida. (O outro foi quando apareceu uma matéria sobre uma peça de teatro que escrevi na revista *Contigo*.) Caiu um trecho de um artigo meu, no vestibular, e pediam para interpretar o texto. Eu, claro, respondi sem olhar a resposta – e errei. Isso, para mim, sempre foi incompreensível em relação ao vestibular e me deu uma ideia do que possa ser aquilo. Parece pouco provável que as crianças que hoje têm menos de seis anos encontrem esse mesmo tipo de avaliação quando chegarem lá. Mas, se assim for, eles fazem seis meses de cursinho.

GD – Mas sempre haverá poucas pessoas para os melhores cursos, como ocorre também nos Estados Unidos.

RS – Quando fui fazer faculdade e pós-graduação nos Estados Unidos, e agora que estou voltando para dar aula na Harvard, ninguém me pediu nenhum tipo de documento que comprovasse minha escolaridade. Eu não tenho nem histórico escolar, nem meu diploma da São Francisco, nada disso.

GD – Você fez a Faculdade de Direito São Francisco, em São Paulo?

RS – Eu fiz, mas nunca fui buscar o diploma. Com certeza, se eu for lá, eles vão acabar achando no setor de arqueologia... O do colégio nem sei onde ficou. Minhas notas sempre foram péssimas.

GD – O que foram péssimas? As notas da escola?

RS – Da escola e da faculdade. Eu sempre fazia um cálculo matemático preciso de quanto faltava para alcançar a média. Então, se eu tirava cinco e meio na primeira prova, eu estudava o suficiente para tirar quatro e meio, aí eu parava. Eu me lembro de uma turma, na São Francisco, que se organizou para testar um dos professores, que era o mais tradicional. Nós apostávamos que ele não lia as provas. Então, resolvemos – fomos uns três, porque precisava de uma certa coragem – e escrevermos no meio do texto da prova: *A base epistemológica de tal estudo era Mickey Mouse quando foi para Disney.* Escrevemos um parágrafo inteiro assim: *Mickey Mouse, na verdade, não gostava da Minnie, aquilo era uma fábula... E o Pateta...* Nós todos passamos tranquilamente, com notas oito, sete etc. Então, acho que não é tão difícil aprender a conviver, aprender a passar de ano e, depois, a passar no vestibular. Qualquer criança que tenha se munido dos instrumentos, aprende em pouco tempo: *Qual é o desafio aí? É biologia, ciclo da samambaia, deixa comigo.*

GD – Eu queria associar mais o seguinte: a sua experiência no mundo do trabalho, descrita no seu livro *Virando a própria mesa*, é uma referência para se entender a Lumiar, ou seja, você está virando a própria escola ou virando a escola dos outros...

RS – *Virando a própria carteira.*

GD – É, mas também você tem a sua história pessoal como alguém que percebeu que esse conhecimento não tinha utilidade. Enfim, que tipo de aluno você foi?

Como você aprende?

RS – Eu senti que, como aluno, eu fazia o mínimo possível, porque aquilo era muito chato, era colocado de uma maneira muito pobre, mas havia o outro lado, que é a quantidade de coisas extraordinárias, fantásticas, que é a humanidade, a vida na Terra, a morte etc. A essas eu não tinha acesso, porque ninguém chegava ao fantástico, ao mágico, ao extraordinário. De vez em quando, eu encontrava isso na matemática ou na biologia, com algum professor ou tema em particular. De repente, x^2 virava uma coisa mágica. Há mágica em todas as ciências, é algo excepcional. Então, era frustrante não ter acesso a tudo isso. Houve uma época, durante uns três ou quatro anos, em que eu estudava na Internet uma hora e meia, duas horas por dia. Eu fazia minha educação continuada. E a fazia totalmente a esmo. Eu começava com uma palavra qualquer. Por exemplo, eu digitava *Torquemada* e dava *enter*. Passadas cerca de duas horas, eu tinha ido da Inquisição Espanhola à Espanha, da Espanha ao Cristianismo e assim por diante. E a Internet faz isso. Você aprende totalmente a esmo, sem nenhuma estrutura e de um jeito que diriam que não é possível. Fiz isso durante anos, quase todas as noites. E cada um desses temas me servia, depois de um ou dois anos, para uma questão de empresa, para um momento de vida, para uma decisão pessoal. Eu ficava informado e fertilizado por essas referências cruzadas. Sempre quis criar um curso para adultos – nós estamos dando os primeiros passos nesse sentido, na Lumiar – que fizesse referências cruzadas, ou seja, um curso que abordasse tudo o que acontecia, em um determinado período da história, em artes, literatura, ciência. Por exemplo, se eu perguntar o que acontecia no Ocidente durante a Dinastia Ming,[22] provavelmente, ninguém saberá que eram as viagens dos grandes navegadores, a descoberta da América. Pode ser que algumas pessoas mencionem fatos de 500 anos depois ou de 800 anos antes, pois ninguém tem a menor ideia desse cruzamento.

GD – Ricardo, você está montando um jardim botânico em Campos do Jordão. O que você faz? Eu queria entender como você aprende. Então, você tem uma tarefa de montar um jardim. Acredito que você saiba tanto quanto eu sobre plantas. Eu mal consigo diferenciar uma samambaia de uma azaleia. Então, o que você faz? Como você aprende?

RS – Comecei tentando descobrir a diferença entre duas samambaias, porque de outro modo não dá nem para conversar com os botânicos. A resposta é que hoje eu sei um pouco. Sei dizer que existem 720 espécies de palmeiras,

---

22. Última dinastia de governantes nativos chineses (1368-1644).

quantas delas são nacionais, a qual família pertence aquela que vemos ao longe. Esse primeiro *framework* eu encontrei na Internet e em 15 ou 20 livros principais. Aliás, foi o que aconteceu quando, um dia, decidi escrever uma peça. É a mesma história. Primeiro, li mais de 200 peças. Eu lia peça atrás de peça. Depois, li livros sobre carpintaria teatral, como é que se monta uma. A seguir fui assistir, por uns dois anos, a uma quantidade absurda de peças – não aguentava mais, tudo o que estava em cartaz, eu via. Só depois escrevi o primeiro texto, e fui dando forma à ideia. Quando o texto estava pronto, eu queria que o Raul Cortez fizesse o papel principal, uma daquelas fixações – o que lembra a tese do arco e flecha que você citou, Gilberto. Então fui na casa do Raul Cortez e disse: *Olha, está aqui uma peça que escrevi para você.* Aí ele me respondeu: *Tudo bem! Põe nessa pilha porque há mais nove peças aqui. Quando eu tiver tempo eu leio, mas me dê uns quatro meses para responder.* E eu disse a ele: *Não tem problema porque essa peça é para você. Eu não vou montá-la se você não fizer. Eu não tenho pressa nenhuma.* Isso foi às oito horas da noite e às três horas da manhã ele me ligou e disse: *Esta é a peça deste momento da minha vida! Eu vou fazer essa peça.* Aí montamos a peça que se chamava *Cheque ou Mate*, que, em síntese, era sobre algumas questões estruturais, sobre um suposto sequestro. Quando começamos a produção, o aprendizado sobre carpintaria, teatro, tudo veio à tona. No fim de todo esse processo, a peça ficou um ano em cartaz, sempre lotado. Então, aparentemente, era um sucesso. Se era porque as pessoas iam ver o Raul Cortez ou por outra razão, nunca vou saber. Mas eu diria que a peça era nota sete. Seis e meio, sete. Não chegou a ser a peça que eu gostaria de ter escrito, vou voltar ao assunto daqui a muitos anos, com o que aprendi. Assim é um processo de aprendizado completo. E o jardim botânico foi a mesma coisa. Comecei a ler muitos livros, visitei todos os jardins botânicos que pude, convidei um profissional da Inglaterra que só entendia de jardim botânico, fiz *brainstorms* com diretores de 15 jardins botânicos, fui às reuniões da Sociedade do Jardim Botânico... Em um determinado momento, aprendi a ir buscar – e busca-se com muita facilidade. Aí você tenta fazer e consegue o possível.

GD – Gostaria de aprofundar mais essa questão e a seguir passar a palavra para o Antonio Carlos. Para chegar a se tornar um educador, Ricardo, você provavelmente teve um prazer quase obsessivo pela emoção da descoberta, ou não? A emoção da descoberta é uma espécie de linha evolutiva sua? É como se fosse uma droga que o mantém conectado a você mesmo e ao mundo?

RS – Acho que sim. Eu me considero relativamente obsessivo, de qualquer modo. Eu escolho um tema e quero exauri-lo. Seja empresa, seja escola, seja jardim botânico, eu quero dominar o assunto, quero saber tudo o que for possível e sei que não aprendo o suficiente durante o processo, mas eu esgoto o que conseguiria fazer com aquilo. E, no caminho, deparo com *experts*, com outros apaixonados e, normalmente, são eles que depois fazem fluir, que dão continuidade ao processo. Por exemplo, a Helena Singer, que coordena a Lumiar, o Fernando de Almeida, que é presidente do Instituto Lumiar... O Fernando tem a paixão e o conhecimento. Ele era secretário da Educação de São Paulo e sucedeu ao Paulo Freire como professor de currículo na PUC. Foi também diretor do Colégio Nossa Senhora das Graças, por muitos anos. Bom, ele tem um cabedal que eu não tenho. Num determinado momento eu entrego a coordenação dos trabalhos para outras pessoas. Assim, é ele que conduz o Instituto. Então eu volto para o jardim botânico. Meu propósito é obsessivo como catalisador. Como uma enzima, gosto de catalisar os acontecimentos, mas não sou a pessoa mais adequada para levar adiante a concretização, o fazer. Eu não faço bem, aliás.

GD – Seu lado criança em relação à descoberta é mais forte. Você se sente como uma criança, como aquele guri do *videogame* que você citou. Como ele, você brincou no *videogame*, depois vai para a biblioteca e a seguir estará em cima da árvore tentando fazer.

RS – Mas há uma conexão. Quer dizer, o jardim botânico é pedagógico, a escola é pedagógica e o processo...

GD – E o processo da sua empresa também é pedagógico.

RS – A empresa também é um aprendizado contínuo, sem dúvida.

Repetente

GD – Antonio Carlos, e você como aluno? Você chegou a repetir de ano?

AC – Cheguei. Essa é uma experiência amarga. No meu caso, meu pai e minha mãe se separaram quando eu estava na primeira série do ginásio. Minha vida ficou muito atrapalhada naquele período e eu repeti o ano na escola. Foi terrível, porque eu tomei bomba só em língua portuguesa. Quando foi no ano seguinte, meus colegas já estavam em outra série. Eu estava em uma sala que era só de repetentes, então havia alunos que repetiram duas, três vezes.

GD – Escola pública?

AC – É, uma escola pública em Belo Horizonte. Aquela sala de aula com um pessoal já meio diferenciado, o pessoal fumava...

RS – Você estava na Febem daquela escola.

AC – É! Uma sala de aula de repetentes. Lembro-me de que fui falar com meu pai sobre livros e ele disse: *Não, você é repetente e já tem*. Só que haviam mudado o livro, por um mais moderno. Mas como eu estava muito envergonhado por ter repetido de ano, fiquei com o livro do ano anterior. Então eu estudava com um colega, o que foi um pouco complicado. Quando chegamos ao final do ano, eu estava sem nota para passar em três matérias. Aí consegui me recuperar em uma e fiquei de segunda época em duas matérias. Quer dizer, depois de repetir um ano, eu estava pior ainda do que no ano anterior. Então entendi a perversidade do mecanismo da repetência, que é o de reiterar a vida. *Reiterar*: voltar a fazer tudo de novo, como se eu não tivesse feito nada, como se tudo tivesse sido um zero. O aluno pensa que sabe e vai relaxando, nunca estuda; chega um dia em que já não se entende mais nada. Por isso, eu me dediquei muito ao programa Acelera Brasil, do Instituto Ayrton Senna, que visa acabar com a repetência, afinal eu tinha tido essa vivência. A repetência tem vários preços. O primeiro é econômico: a repetência custa mais de três bilhões por ano ao sistema de ensino brasileiro. O investimento que foi feito na criança que repetiu se perdeu e ela ainda está ocupando a vaga. Torna-se então necessário abrir mais vagas no sistema. Além do econômico, a repetência tem um preço social. Aquele menino que entrou na escola e repetiu uma, duas, três vezes, vai acabar saindo da escola sem ter aprendido nada – o que tem acontecido bastante – e será um recorrente crônico do aparato assistencial do Estado. Produzem-se dependentes sociais. Há ainda o preço político da repetência. Os piores políticos do Brasil são eleitos onde a escolaridade é mais baixa. Outro preço da repetência – que eu entendo ser o maior de todos – é o ético. Alguém já disse: *Um país como o Brasil, com a posição que a economia brasileira ocupa no* ranking *internacional, com um ensino público tão ruim e que tem 2,7 milhões de crianças trabalhando e ainda fora da escola, só pode falar de ética entre aspas.* Por fim, o último é o preço humano da repetência. O dano que ela causa à autoestima do indivíduo. Eu, no ano em que repeti, fiz uma redação muito bem feita e o professor não acreditou que eu a tivesse escrito. Ele me disse: *Vou lhe dar uma nota porque está muito bem escrita, mas agora o senhor diz quem o ajudou a fazer essa redação.* Ninguém havia me ajudado. Eu tinha feito sozinho, mas o professor não acreditava em mim. Por quê? Porque eu estava naquela circunstância. Era um ambiente de pessoas predestinadas pela escola ao fracasso.

RS – Mas como relacionar o que você disse sobre repetência e fracasso escolar, Antonio Carlos, com o fato de que, hoje em dia, a maioria das mães é contra a progressão continuada?

AC – Esse é um problema fundamental, porque a escola só é boa quando o aluno aprende, o que não é sinônimo de passar de ano. Com a progressão continuada, infelizmente, os alunos estão progredindo sem aprender. O critério de avaliar uma escola é exatamente este: a escola só é boa quando o aluno aprende. Dizer que alguém ensinou e alguém não aprendeu é como dizer que alguém vendeu e ninguém comprou. Como é possível que o professor ensine e o aluno não aprenda?

GD – A avaliação é um tema importante e eu gostaria de voltar a ele logo mais. Mas, antes, Antonio Carlos, como foi mesmo aquela história de que você quase foi expulso da cidade?

AC – Foi em Ouro Preto. Eu e minha esposa, Maria José, dirigíamos a Escola Barão de Camargos, a única unidade da Febem de Minas Gerais que atendia meninas. Haviam me prometido a direção de uma escola, mas quando chegamos lá o que encontramos foi um depósito de crianças e adolescentes, marcado pela violência e pela degradação pessoal e social. Como parte do processo de humanização que iniciamos na unidade, decidimos – depois de muitas assembleias, reuniões e outras iniciativas de participação democráticas – permitir que as meninas, que não tivessem problemas disciplinares graves durante a semana, saíssem aos sábados e domingos. Isso causou uma forte reação na comunidade local, que, incentivada pela delegada de ensino, pelo pároco e pela emissora de rádio, lançou um abaixo-assinado objetivando nossa expulsão da cidade. Na verdade, algumas poucas meninas deram problemas: brigas de rua, agressões verbais, bebedeira e um caso com drogas. A maioria delas, no entanto, respondeu bem à nossa iniciativa. Ante a ameaça de expulsão, lancei uma "Mensagem à Comunidade", pedindo uma chance de convívio social para nossas educandas. Nela, eu dizia que uma cidade que foi berço de páginas libertárias da história brasileira não merecia uma vitória como aquela, em detrimento da educação e dos direitos humanos. Parte da população — inclusive o então prefeito e sua esposa — ficou do nosso lado. Aos poucos, a sanha conservadora foi se arrefecendo e a comunidade nos permitiu continuar o trabalho. Muita gente até cooperou conosco. Anos mais tarde, aquela escola seria um modelo para o Brasil, atraindo autoridades, universitários, pesquisadores e, sobretudo, muitos educadores envolvidos com tentativas de abertura, humanização e mudanças em instituições fechadas.

Neves

Muitas lições aprendidas nesse período estão hoje incorporadas ao Estatuto da Criança e do Adolescente, uma legislação humana e avançada, que, infelizmente, ainda não mereceu dos nossos governantes a atenção devida.

GD — Quando foi isso?

Figueiredo

Saraiva

AC — Isso ocorreu na segunda metade dos anos 70. Depois, continuamos nosso trabalho até que, após as eleições de 1982, o então governador Tancredo **Neves** convidou-me para dirigir a Febem de Minas. Nessa época, o presidente da República era o general João **Figueiredo**. Lembro-me bem que ele colocou uma educadora — a professora Terezinha **Saraiva** — à frente da Funabem. Ela visitou comigo a Escola de Ouro Preto e se emocionou muito com o que viu. Jamais esquecerei suas lágrimas e suas palavras de incentivo, admiração e apoio. Infelizmente, de lá para cá, o país pouco avançou no campo do atendimento aos adolescentes em conflito com a lei. Para esse nosso debate, o que fica dessa história é que não há hora nem lugar adequados para se tentarem iniciativas libertárias na educação. O principal é que, da parte do educador, haja sempre compromisso ético, vontade política e competência técnica para empreender as mudanças requeridas pelas circunstâncias. O resto é trabalho duro, dedicação, construção de projeto pedagógico, capacitação, motivação e comprometimento da equipe, além da mobilização das forças vivas da sociedade. Sem isso, os processos de mudanças tendem a ser abortados nos primeiros meses. Gilberto e Ricardo, com a Cidade Escola Aprendiz e a Escola Lumiar, vocês estão fazendo a mesma coisa que eu fiz há quase 30 anos: repensar a articulação entre os fins e os meios da educação numa experiência concreta. Esta é uma causa pela qual, em qualquer época, vale sempre a pena trabalhar e lutar.

Mas o que é uma escola forte?

RS – Agora, voltando à questão da avaliação, como é que se mede o aprendizado que não seja simplesmente levar o aluno a devolver o que foi decorado?

AC – Esse é o dilema da avaliação. Antes se pensava que a avaliação era um problema exclusivamente técnico, mas hoje se sabe que é também um problema ético e político. O Cristovam Buarque, quando era ministro da Educação, propôs acabar com o provão na forma como vinha sendo realizado. É acabar com a febre quebrando o termômetro, já não haveria como medir. Uma vez eu estava em uma reunião sobre avaliação e uma pessoa era contra a avaliação externa da escola. Quando se aplicam testes-padrão em todos os alunos, não são os alunos que estão fazendo a prova – eles não precisam nem assinar. É a escola que está sendo avaliada para ver se os alunos aprenderam o mínimo exigido para aquela série. E uma pessoa disse: *Mas como se pode comparar uma escola de São Paulo com uma escola do Piauí, uma escola de classe média com outra da periferia?* Então o Cláudio de Moura **Castro**, com sua irreverência de sempre, disse: *Olha, se eu estiver com febre e aquele mendigo, aquele lavador de carro lá fora estiver com febre, o termômetro vai*

Castro

ser o mesmo. Portanto, querer usar medidas diferentes seria um problema ético e político. Mas, então, o que fazer? Devemos avaliar não a memorização, mas a aprendizagem, a aquisição de competências. Se eu tivesse que construir uma matriz, acho que ela seria baseada nos sete códigos da modernidade, que o Bernardo **Toro** formulou com base no Relatório Jacques Delors e na Declaração de Jomtien.

GD – Aliás, o Bernardo Toro, que é professor da Universidade Javeriana, de Bogotá, teve grande influência em um grupo de educadores aqui no Brasil.

AC – É, ele é um dos mentores do movimento escolanovista, chamado *Nueva Escuela* na Colômbia. Pois ele pergunta o seguinte: *O que é preciso saber?* E discorre sobre o que é básico, que ele denomina *os sete códigos da modernidade*. Primeiro: o domínio da leitura e da escrita, que ele chama de *lecto-escritura*. Ele diz que é fundamental que, ao sair de qualquer escola, o educando tenha o domínio básico da *lecto-escritura* – que se inicia com a alfabetização e não termina nunca. Claro, nenhum de nós domina totalmente a *lecto-escritura*, estamos sempre aprendendo. Segundo: a capacidade de fazer cálculos e de resolver problemas. Fazer cálculos é fazer contas. Resolver problemas é analisar situações e tomar decisões fundamentadas diante delas. O terceiro código é a capacidade de analisar, sintetizar e interpretar

Toro

dados, fatos e situações. O quarto é compreender e operar o seu entorno social – e aí está o que me parece ser a grande ponte para a ideia de bairro-escola, de cidade educativa. Afinal, a cidadania começa assim. A cidadania não pode ser exercida em um laboratório... Por intermédio de um Grêmio Literário, de um jornal escolar, o aluno exerce a língua, a linguagem; em um laboratório, ele pratica ciências. E como é a aula prática de cidadania? É ensinar o indivíduo a compreender e operar o entorno social. O quinto código é receber criticamente os meios de comunicação, para não ser manipulado nem como pessoa, nem como cidadão ou como consumidor. Ter um distanciamento crítico, a recepção crítica – que é outro ponto que a Cidade Escola Aprendiz trabalha: a recepção crítica dos meios de comunicação. Acessar o conhecimento é o sexto código. Por fim, o sétimo é trabalhar em grupo, aprender as didáticas cooperativas. Então, creio que se eu tivesse que avaliar a educação, construiria indicadores para essas sete habilidades e os utilizaria para testar.

RS – Mas aí você encontra uma escola que é tida como forte – em São Paulo, no Rio, em Belo Horizonte, no Recife, qualquer lugar –, aquela escola de que os pais gostam, onde é preciso estudar muito, há lições de casa... E, talvez, ela tenha uma avaliação péssima em um índice desses.

AC – É verdade.

GD – Para isso, precisaria haver um outro indicador. Eu me lembro daquelas listas de nomes que saíam nos jornais com o seguinte cabeçalho: *Nossos alunos entraram em tantas faculdades*. Eu gostaria que isso fosse diferente. Podemos imaginar algo assim: *Nossos alunos, que saíram da escola há dez anos, hoje estão fazendo as seguintes coisas na vida*. Aí se veria se a escola é forte ou não.

RS – Mas o que é uma escola forte? Conheço várias pessoas que, em um certo momento da vida... alguns da empresa, por exemplo, gente que teve uma carreira extraordinária, com mestrado, doutorado, não sei o quê... Um deles abriu uma doceria na praia.

GD – Ótimo. Ele está realizado: *O nosso aluno tal hoje é uma pessoa feliz, que tem um restaurante hindu em Porto Seguro, está aqui a foto dele, está maravilhoso e não sei o quê. O nosso outro aluno tal é um engenheiro nuclear...*

RS – O índice, então, é a felicidade.

GD – É complicado falar em felicidade. O Antonio Carlos com frequência retorna ao tema da educação na Grécia. Uma vez ouvi de um intelectual americano: *Vem cá, os gregos inventaram tudo? – Não, os gregos apenas explicaram tudo melhor, é diferente*. Eu fico pensando, quando se analisa o conceito de educação que havia na Grécia, o que eles diziam? Diziam que sem autoconhecimento, o indivíduo não é nada. E que o autoconhecimento é a felicidade. Tales de **Mileto**, filósofo pré-socrático, perguntava mais

Mileto

ou menos isso para os discípulos: *O que há de mais difícil no mundo?* E depois respondia: *É o autoconhecimento. O que há de mais fácil? É dar conselhos. E o mais prazeroso? É o sucesso ou o fazer que resulta do seu autoconhecimento* – ou seja, quando o ser coincide com o agir. Então, esse pode ser um primeiro critério de avaliação da escola: *O meu sonho sempre foi gerir uma pequena pousada.* Se o que a pessoa está fazendo corresponde ao que ela gostaria de ser, ao que ela é, ótimo. *Eu ganho 500 milhões de dólares por ano, mas estou infeliz.* A sua escola deveria ter lhe ajudado a pensar mais criticamente. O que me parece inaceitável como critério de avaliação da qualidade de ensino é quando alguém diz: *Essa escola é forte porque faz passar no vestibular.* Aliás, hoje, o grande vestibular não é mais o exame para entrar na faculdade. Nos últimos anos, o grande vestibular da juventude é conseguir uma vaga de *trainee* nas empresas. No vestibular mais difícil, concorrem uns 70, 80 estudantes por vaga. Para tornar-se *trainee*, em algumas empresas, são 800 candidatos para uma vaga.

RS – É praticamente impossível. E as empresas, por sua vez, confessam que não têm nenhum bom critério para escolher seus *trainees*. Então, diante desse quadro – 800 para uma vaga, com alguém que não tem currículo, cuja análise é superficial –, o jovem não só tem uma porcentagem muito reduzida de chances de entrar, como também ela será relativamente aleatória, o que equivale ao pior dos vestibulares.

Poema pedagógico

GD – O verdadeiro vestibular da elite já não é entrar na USP. E muito menos na faculdade. Hoje em dia, todo mundo que quer entrar na faculdade, em alguma consegue. Se puder pagar, a pessoa entra. E, ao que tudo indica, isso só tende a aumentar, pois há cada vez mais faculdades. O mais difícil atualmente é conseguir um estágio, uma vaga de *trainee* nas empresas. Quando ouço o Ricardo contar sobre a Lumiar e o Antonio Carlos falar da Febem, o único critério de avaliação que me parece realmente profundo seria perguntar ao ex-aluno: *Vem cá, você ficou aqui 20 anos. O que você está fazendo hoje? É o que gostaria de fazer? É o que expressa sua alma neste momento?* E a escola bem-sucedida será a que puder contribuir para esse sucesso, aquela que obteria respostas do tipo: *Puxa, estou realizado. Eu queria ser palhaço de circo e trabalhar em hospital e consegui.* Portanto, quando falamos em avaliar, não podemos nos restringir ao conteúdo curricular. Se me apresentarem um teste de matemática neste momento, por exemplo, se me pedirem para fazer uma divisão sem calculadora, talvez eu leve meia hora. Acho que a avaliação é o seguinte: você se conhece, a escola o ajudou a se conhecer, a escola o ajudou a ter possibilidades etc. Quando penso nos sete códigos da modernidade do Bernardo Toro, que o Antonio Carlos citou, e os associo à noção de protagonismo, acho que isso resulta em algo como: *Olha, seja o seu projeto. Você é o seu projeto.* E o projeto, na verdade, não é a realização, mas a permanente vontade de sonhar coisas que você possa fazer. É por isso que provocamos as pessoas, Antonio Carlos. De nada adianta estar empregado e ser infeliz. O essencial é estar o tempo todo sendo protagonista da própria vida, ter projetos. Mas, claro, a escola não é a única responsável pela educação – há também a família, a televisão, os amigos... Na verdade, acredito que algumas pessoas não seriam muito diferentes do que são se tivessem frequentado outra escola qualquer. Afinal, elas têm acesso à cultura, às informações por diversos meios – ou seja, aconteça o que acontecer, a escola, em geral, não desempenha uma função tão importante na vida delas. Mas, para outras, a escola cumpre um papel mais decisivo, e por isso temos que trabalhar para toda a sociedade, para difundir toda forma de conhecimento.

AC – Na verdade, Gilberto, estamos perguntando como começar essa transformação, como sair da escola que temos para a escola que queremos. Creio que essa é uma pergunta que estamos retomando aqui o tempo todo. Makarenko, esse educador soviético que inspirou meu trabalho em Ouro Preto, escreveu um livro contando a experiência dele. O livro, que ficou mundialmente conhecido, chamava-se *Poema pedagógico*. Um dia comprei os três volumes da obra, mas fiquei intrigado com o nome, uma vez que não havia nenhum verso no livro. Eu me perguntava por que ele havia decidido chamar de *poema* sua narração dos anos de trabalho numa escola. Uma vez, fui assistir a uma palestra sobre o Makarenko de um jesuíta muito erudito e lhe perguntei sobre o título daquela obra. Ele me respondeu algo interessante. Como o russo veio do grego falado em Bizâncio, a palavra "poema" tinha aquele sentido de *mimesis* e *poiesis*. Assim, ele usou a expressão *Poema pedagógico* para nomear algo inédito, uma prática educativa que estava ultrapassando um limiar, que estava alargando os limites do possível na educação. E o que foi a revolução de Makarenko? O que ele fez na educação? Aquela dimensão do projeto de vida, do protagonismo. Ele falou para jovens delinquentes, jovens muito problemáticos mesmo, frutos da Revolução Russa, da Primeira Guerra Mundial, daquela orfandade, daquela matança. Ele disse o seguinte a esses jovens: *Vocês acham que eu vim aqui para transformar vocês em cidadãos ordeiros, pacatos, bons, honestos, bons operários, bons pais de família... É isso o que vocês acham que eu vim fazer?* Eles responderam: *Sim, Camarada Makarenko. Achamos que você veio aqui com essa intenção.* Ao que ele contestou: *Vocês estão completamente enganados. Vim aqui para transformar vocês nos melhores cidadãos dessa nova sociedade que está nascendo. Vocês vão ser exemplos dessa nova sociedade.* Isso seria o mesmo que alguém dizer isso para os jovens da Febem, hoje. Em 1988, quando completou um século do nascimento de Makarenko, organizamos uma semana de estudos makarenkianos na Universidade de Brasília. Quando fomos à Embaixada da União Soviética, eles mostraram um livro comemorativo dos 100 anos, publicado pela Academia de Ciências Pedagógicas da União Soviética. Ali via-se uma centena de alunos: diretores de teatro, engenheiros, militares, dirigentes políticos, educadores, homens de destaque na sociedade soviética. Então, ele conseguiu que aquelas pessoas chegassem à primeira linha. Por isso ele chamou sua obra de *Poema pedagógico*. Ele fez aquele milagre de *os últimos serem os primeiros*. Ele conseguiu, mostrando todo esse voluntarismo da educação. Essa crença na força que a educação tem, creio que este é um traço distintivo de Makarenko. A principal herança dele, para mim, é essa crença na capacidade transformadora da ação educativa.

A infância feliz da humanidade

GD – Antonio Carlos, quer dizer que você acredita que a educação muda o indivíduo?

AC – Acredito que a educação é a coisa mais autopromotora que a humanidade foi capaz de inventar. A educação é a única política social verdadeiramente autopromotora. As outras todas são políticas que satisfazem necessidades. A educação cria necessidades – que poderão ser satisfeitas com recursos de assistência social, de saúde, de transporte, de habitação. Eu queria dizer isso porque a Escola Lumiar e a Cidade Escola Aprendiz são poemas pedagógicos. Produzir uma iniciativa que se propõe a dar um passo a mais é chegar ao limiar. Acho que o Gilberto tenta alargar os limites do possível e vem alargando com a Cidade Escola Aprendiz, e penso que a Escola Lumiar também tem essa vocação, está atendendo a esse chamado de alargar os limites do possível na educação. Qual o problema? Acho que essas escolas têm de ser capazes. Acredito que esses modelos de educação lançam um conceito novo. Nas duas experiências, emerge o conceito da educação interdimensional. Ou seja, em vez de se preocuparem só com as enteléquias, os conteúdos da razão, preocupam-se com o desenvolvimento em sentido mais amplo, abrangendo as outras dimensões coconstitutivas do humano – o *pathos*, o *mythos*, o *eros* –, dimensões do humano que estão subjugadas na escola convencional. Agora, o que essas escolas são, qual o papel que lhes cabe desempenhar na reforma da educação? É aí que mora o desafio.

GD – Essas dimensões são o quê?

AC – As dimensões coconstitutivas do humano. **Hegel** falava que a *polis* grega era a bela totalidade. **Marx** a comparou à infância feliz da humanidade. Quer dizer, ali havia uma lição para a humanidade. Eu vejo que esses experimentos pedagógicos que vocês estão repropondo estão incubando um conceito na nossa educação, que ainda é muito frágil, que é o conceito da educação interdimensional. A escola hoje é unidimensional. É só o *logos*. Então, o que vocês estão fazendo? Penso que esse conceito precisa se robustecer pedagogicamente.

Hegel

Marx

É preciso fazer uma musculação, precisa ficar forte para poder entrar na escola. Vejo que essas experiências têm de ser avaliadas, sistematizadas, é necessário extrair o suco delas, seu princípio ativo – para, depois, transformá-lo em um remédio que possa ser ministrado na rede escolar. Mas, primeiro, esses conceitos têm de ser robustecidos pedagogicamente, têm de ser pensados de forma sistemática, para que adquiram o poder de convencimento. Por melhor que sejam essas experiências, elas vão fracassar – do ponto de vista não do mérito, mas da relevância para o todo – se forem apenas exceções, se em 20 anos tais práticas continuarem a ser exceções. E elas serão vitoriosas se servirem para melhorar, um pouco que seja, o sistema escolar. A escola de todos. Então, essas exceções devem ter vocação para se tornarem regras. É necessário fazer o salto do particular para o geral e isso se faz sistematizando essas experiências, tirando o melhor dos conceitos e das práticas aí desenvolvidas, disseminando-os em escala na rede escolar. Quer dizer, elas devem ser não uma alternativa à escola, mas uma ação que exerça um efeito *alterativo* sobre a escola que está aí. Porque, se não alterar a educação de todos, a escola pública, tudo isso não passará de mais um sonho do verão tropical. Certa vez, quando avaliava o trabalho do Cempec, o ministro Paulo Renato disse algo muito bonito: *Vocês estão fazendo coisas aqui que melhoram a escola geral, a escola do povo, a escola pública* (ele se referia ao "Raízes e Asas").

GD – Então, tratava-se de um documento que registrava experiências comunitárias em educação?

AC – Era sobre escolas públicas bem-sucedidas no seu relacionamento com a comunidade e com os educandos, sobre gestão de escola pública bem-sucedida. Ele disse: *Em vez de fazerem uma escola do banco que patrocinou o projeto, uma escola-exceção, vocês estão contribuindo para melhorar um pouco a escola de todos.* Isso é o mais importante. Esta é a função histórico-social que tais experiências têm de cumprir no processo civilizatório. E se elas não cumprirem, vão virar flor na lapela de alguém, mas não ajudarão a educação brasileira a avançar.

RS – Assim que fundamos a Lumiar, nós formamos o Instituto separadamente para que a escola fosse só uma escola de aplicação do Instituto. O Instituto agrega 15 pessoas, entre intelectuais e profissionais da educação, que vão desenhando o mosaico de conhecimentos, como expliquei no início. Em 2004, adotaremos a primeira escola da rede pública, do município de Campos do Jordão. Hoje, infelizmente, a quantidade de escolas que se oferecem para adoção é muito além da nossa capacidade. Temos uma oferta de duas escolas na Paraíba, uma no Rio Grande do Norte, uma no alto rio Negro, duas no Paraná e até uma na cidade de São Paulo. Mas ainda não temos capacidade, não temos gente suficiente para tanto. Estamos assumindo a primeira, que é uma escola municipal. Trata-se de uma escola rural, só tem crianças pobres. Vamos adotar a escola por contrato de gestão e vamos colocá-la nesse formato da Lumiar, mediante negociação com a comunidade. Estamos fazendo isso rapidamente e temos um sistema muito desenvolvido, muito aprofundado de registro. Há um registro detalhado de cada dia da escola. Então, se alguém quiser saber o que aconteceu dois meses atrás, há um registro diário e outro semanal, criança por criança, feito por quatro adultos ao mesmo tempo. Tivemos essa preocupação desde o início, porque também acreditamos que é essencial semear esse conceito de educação. Aliás, o Gilberto chamou a atenção para isso anos atrás, quando estávamos pensando na Lumiar. O Gilberto já dizia: *Mas como é que isso afeta o sistema?* Aí começamos a pensar em como concretizar uma ideia que contamine o sistema, porque seria uma absoluta pretensão ter o propósito de transformar as escolas para o nosso modelo. É evidente que ele não é a solução, mas pode contaminar. Na verdade, grande parte do nosso trabalho é o registro absolutamente preciso, extraindo lições toda semana. A outra ação primordial é rapidamente adotar escolas – ou assumir escolas em parceria – para começar a causar esse efeito.

GLOSSÁRIO

Almeida, Fernando de (1945): Graduado em Filosofia e Pedagogia, é mestre e doutor em Filosofia da Educação pela PUC/SP, com pós-doutorado em Informática e Educação em Lyon, França. Foi secretário de Educação da cidade de São Paulo e atualmente leciona na Faculdade de Educação da PUC/SP.

Ataturk, Mustafá Kemal (1881-1938): Figura de maior expressão na história recente da Turquia. Após derrubar a Monarquia e proclamar a República, foi eleito presidente, em 1923. Com apoio do único partido legal, o Republicano Popular, transferiu de Istambul para Ancara a capital turca. Rompeu com as tradições muçulmanas e adotou vários usos ocidentais, como o calendário gregoriano, o alfabeto latino, algarismos internacionais e o direito de voto da mulher.

Azevedo, Fernando de (1894-1974): Educador, sociólogo, crítico literário, historiador e humanista. Preocupou-se com reformas educacionais e pedagógicas. Participou da organização de universidades.

Bismarck, Otto von (1815-1898): Estadista alemão, criou a moeda corrente, o banco central, um único código de leis e efetou diversas reformas administrativas para o novo império formado durante o processo de unificação da Alemanha. Combateu o poder da Igreja Católica, introduziu o sistema escolar da Prússia e o primeiro esquema de previdência social para fornecer benefícios por doença, acidente e idade.

Braque, Georges (1882-1963): Pintor francês, foi, ao lado de Picasso, um dos criadores do cubismo. Concentrou sua obra principalmente em naturezas-mortas, utilizando cores sutis e algumas vezes misturando areia à tinta para produzir um efeito de textura. Braque também era ilustrador de livros e criava cenários e figurinos para teatro.

Buarque, Cristovam (1944): Nasceu no Recife (PE). É engenheiro mecânico formado pela Universidade Federal de Pernambuco e doutor em Economia pela Universidade de Paris. Foi professor da Universidade de Brasília e, posteriormente, reitor (1985-1989). Ao longo de sua carreira acadêmica, escreveu cerca de 20 livros. Entre 1995 e 1998 foi governador do Distrito Federal, onde implantou o programa *Bolsa-Escola*. Além disso, criou a ONG *Missão Criança*. Foi senador e ministro da Educação no primeiro ano do governo Luiz Inácio Lula da Silva (PT).

Capanema, Gustavo (1900-1985): Nascido em Pitangui (MG), formou-se bacharel pela Faculdade de Direito da Universidade de Minas Gerais. Foi ministro da Educação de 1934 a 1945. Idealizador da Faculdade Nacional de Filosofia e da Escola Nacional de Educação Física, tendo ainda edificado o Palácio do Ministério da Educação e Saúde.

Castello Branco, Carlos (1920-1993): Importante jornalista político brasileiro. Piauiense, sua pena afiada esteve presente por mais de 30 anos na imprensa brasileira. A "Coluna do Castello", surgida em 1962, na *Tribuna da Imprensa*, em 1963 passou a ser publicada no *Jornal do Brasil*, onde se manteve até a morte do jornalista. Castellinho, que foi secretário de imprensa do presidente Jânio Quadros, acompanhou os principais momentos da política nacional.

Castro, Cláudio de Moura (1938): Economista, é um dos maiores especialistas brasileiros em educação. Foi docente da PUC/Rio, da FGV, da Universidade de Chicago, da UnB e da Universidade de Genebra. Entre outras atividades, trabalhou no Ipea/Inpes e na Capes. No exterior, foi Chefe da Divisão de Políticas de Formação da OIT (Genebra) e Chefe da Divisão de Programas Sociais do BID. É autor de cerca de 30 livros e mais de 300 artigos científicos. Atualmente, escreve artigos para a revista *Veja*.

Dewey, John (1859-1952): Filósofo e pedagogo norte-americano para o qual a noção de *experiência* constitui o fundamento da realidade de uma maneira ampla. Segundo ele, a experiência é o ponto de relação entre o ser vivo e seu ambiente, tanto físico quanto social.

Ferreiro, Emilia (1941): Psicóloga e pesquisadora argentina, radicada no México, fez doutorado na Universidade de Genebra, sob a orientação de Jean Piaget. Desde 1974, é docente na Universidade de Buenos Aires, onde iniciou trabalhos experimentais, que deram origem aos pressupostos teóricos sobre a *psicogênese do sistema de escrita*, campo que não fora estudado por Piaget e que se tornou um marco na transformação do conceito de aprendizagem da escrita pela criança.

Figueiredo, João Batista de Oliveira (1918-1999): Foi o último militar a governar o Brasil, sucedendo o general Ernesto Geisel. Durante seu mandato (1979-1985), enfrentou diversos problemas com a Igreja Católica, com atentados a bomba e com adversários políticos. Figueiredo também é lembrado por sua honestidade e pela habilidade com que coordenou a transição do regime militar para o civil.

Frankl, Viktor Emil (1905-1997): Judeu vienense, doutor em medicina e psiquiatria e doutor *honoris causa* em diversas universidades mundiais, inclusive no Brasil. Era um existencialista humanista que via os humanos como seres ativos, conscientes e livres. Frankl, que esteve em campos de concentração de 1942 a 1945, ajudava os companheiros de martírio a enfrentar com dignidade os desafios cotidianos.

Freinet, Célestin (1896-1966): Educador francês, criador do Movimento da Escola Moderna e fundador de um novo modelo educacional que fazia oposição aos procedimentos clássicos de ensino. Atualmente, a pedagogia proposta por Freinet é seguida em mais de 43 países.

Freire, Paulo (1921-1997): Educador brasileiro, estudou o processo de transmissão da língua e criou um importante método de alfabetização. É autor dos livros *Pedagogia do oprimido, Educação e realidade brasileira* e *Educação como prática da liberdade*.

Gardner, Howard (1946): Psicólogo e professor norte-americano, especialista em educação e neurologia, autor da teoria das inteligências múltiplas. Howard definiu sete inteligências com base na ideia de que o ser humano possui um conjunto de diferentes capacidades. Desde a década de 1980, é professor da Universidade de Harvard (EUA).

Gil, Gilberto (1942): Compositor e cantor baiano. Em 1967, ganhou projeção nacional no Festival de MPB da TV Record (SP) com a música *Domingo no parque*. Dividiu com Caetano Veloso a liderança do movimento tropicalista, que revolucionou a música popular. Em 1969 foi preso pela ditadura militar, exilando-se em

Londres. Em 1988, elegeu-se vereador pelo PMDB em Salvador. Em 2003, assumiu o Ministério da Cultura, a convite do presidente Luís Inácio Lula da Silva.

Gris, Juan (1887-1927): Artista plástico espanhol que atuou sobretudo em Paris, onde morou a partir de 1916. É considerado o pioneiro do cubismo sintético. Na década de 1920, seu estilo tornou-se mais fluido.

Gutenberg, Johannes (1400-1468): Mestre gráfico alemão, foi pioneiro no campo da imprensa gráfica. Dedicou-se à fabricação de caracteres móveis, inventando a tipografia. O primeiro livro impresso por Gutenberg foi a *Bíblia*, com uma tiragem de 180 exemplares.

Hart, Roger (?): Professor da Universidade de Nova York, defende que a participação das crianças nas principais questões sociais não seja manipulada, nem apenas simbólica. Acredita que crianças e jovens podem desempenhar um papel valioso e duradouro para o desenvolvimento sustentado. É autor do livro *Children's participation* (Unicef/Earthscan, 1997) e coautor de *Cities for children* (1999).

Hegel, Georg Wilhelm Friedrich (1770-1831): Filósofo alemão, defendia uma concepção monista, segundo a qual, mente e realidade exterior teriam a mesma natureza. Acreditava que a história é regida por leis necessárias e que o mundo constitui um único todo orgânico.

Illich, Ivan (1926-2002): Intelectual austríaco, graduou-se em física, filosofia e teologia, cursou doutorado em história e se comunicava fluentemente em dez línguas. Durante sua infância teve de abandonar seu país natal e ir para Roma, onde passou sua juventude, ordenando-se sacerdote em 1951. Defendia a democratização do ensino, a "desescolarização" da sociedade, de modo a garantir a quem quisesse se instruir – em qualquer assunto – o acesso ao conhecimento.

Magno, Carlos (742-814): Rei franco e imperador do Ocidente (Sacro Império Romano, 800-814). Como rei dos francos, logrou êxito na difícil tarefa de impor sua lei. Os francos padeciam há tempos de governos débeis e de contínuas invasões dos bárbaros a norte e a leste e dos muçulmanos ao sul. Conquistou a Bavária e a Lombardia, fortaleceu e apoiou o papado, restabelecendo os territórios papais na Itália. No natal do ano 800 foi coroado Imperador do Ocidente.

Makarenko, Anton S. (1888-1939): Pedagogo soviético, responsável pela organização de uma colônia para menores delinquentes.

Marx, Karl (1818-1883): Cientista social, filósofo e revolucionário alemão, participou ativamente de movimentos socialistas. Seus estudos resultaram na obra *O capital* (1867), que exerceu e ainda exerce influência sobre o pensamento político e social no mundo todo.

Maslow, Abraham (1908-1970): Psicólogo e consultor norte-americano, pesquisa a psicologia como um instrumento de promoção do bem-estar social e psicológico. Criou uma *teoria da motivação* segundo a qual as *necessidades humanas* estão organizadas e dispostas em níveis como uma pirâmide, numa hierarquia de importância. Maslow é um dos fundadores da teoria humanista.

McLuhan, Herbert Marshall (1911-1980): Sociólogo e ensaísta canadense que se dedicou a estudar os meios de comunicação, autodenominando-se "filósofo das comunicações". Para Mcluhan, o meio (ou veículo) que transmite a mensagem é mais relevante que seu conteúdo ("o meio é a mensagem"). Por volta dos anos 60, muito antes de que a Internet fosse difundida, já afirmava que o mundo se tornaria uma "aldeia global", em que distância e tempo seriam suprimidos. Dentre suas obras, destacam-se: *The medium is the message, The Gutenberg Galaxy* e *War and peace in the global village*.

Mileto, Tales de (c.625-c.546 a.C.): Filósofo grego. Suas ideias sobreviveram por meio dos escritos de outros, como, por exemplo, Aristóteles. Tales abordava os assuntos mediante o que podia aferir e racionalizar a respeito deles – uma abordagem bem diferente da tradição grega que propunha explanações direcionadas por mitos sobrenaturais. Introduziu a Geometria.

Mintzberg, Henry (1939): Intelectual canadense, cursou Engenharia Mecânica na McGill University (Montreal) e na Sloan School of Management do Massachusetts Institute of Technology (MIT). Atualmente, é professor de Estratégia e Organização na McGill. Considerado um dos maiores especialistas mundiais em estratégia, Mintzberg direcionou seus estudos para três temas principais: a elaboração de estratégias; a forma como os gestores distribuem o tempo e como funcionam os seus processos mentais. Sua frase: "A estratégia não se planeja, constrói-se", tornou-se um dito na área. Entre suas principais obras, destacam-se: *Ascensão e queda do planejamento estratégico, O processo da estratégia* e *Criando organizações eficazes*.

Neill, Alexander Sutherland (1883-1973): Pedagogo britânico, nascido na Escócia, fundador da escola experimental *Summerhill*, que se tornou conhecida internacionalmente pela autogestão de professores e estudantes, pelo currículo flexível e pela liberdade de escolha que oferecia aos alunos. A principal obra de Neill sobre seu sistema educacional foi *Summerhill: A radical approach to child rearing* (1960), que teve grande repercussão internacional.

Neves, Tancredo de Almeida (1910-1985): Nascido em São João del Rei (MG), atuou de maneira bastante significativa na política brasileira. Foi deputado federal, primeiro-ministro no governo de Jânio Quadros e governador do estado de Minas Gerais, em 1982. Candidatou-se à Presidência da República, sendo eleito o primeiro presidente civil em mais de 20 anos, em 1985. Não chegou a assumir o cargo, um dia antes da posse foi internado com fortes dores abdominais e faleceu logo depois. Em seu lugar, assumiu interinamente José Sarney.

Papert, Seymour (1928): Criador da linguagem LOGO, é membro do Massachusetts Institute of Technology (MIT). Estudou o desenvolvimento cognitivo das crianças que ocorre em torno de estruturas adquiridas na tenra idade. Defende que essas estruturas são modelos para o pensamento e acompanharão o indivíduo por toda a vida. Argumenta que as pessoas só aprendem porque dispõem de tais modelos e que a informática estaria fundando um novo modo de pensar.

Piaget, Jean (1896-1980): Psicólogo e pedagogo suíço, responsável pela mais abrangente teoria sobre o desenvolvimento intelectual (cognitivo). As ideias de Piaget e o ensino baseado em suas descobertas vêm influenciando o planejamento do currículo escolar e os educadores contemporâneos.

Picasso, Pablo (1881-1973): Pintor, escultor, artista gráfico e ceramista espanhol naturalizado francês. Um dos maiores artistas do século XX.

Na década de 1930, adota o surrealismo, no entanto, seus últimos trabalhos empregavam tanto formas cubistas quanto surrealistas.

Ribeiro, Darcy (1922-1997): Antropólogo, educador e escritor brasileiro. Dedicou-se durante vários anos à educação. Foi nomeado ministro da Educação e Cultura em 1961. Organizou a Universidade de Brasília, da qual foi reitor. Chefe da Casa Civil no governo João Goulart, teve seus direitos políticos cassados pelo golpe de 1964. Regressou ao Brasil em 1976.

Rousseau, Jean-Jacques (1712-1778): Membro de família protestante francesa, Rousseau nasceu em Genebra, Suíça. Sua obra abrange uma grande dimensão de pensamento e de complexidade sobre a natureza humana e a sociedade.

Saraiva, Terezinha (?): Educadora, foi secretária de Educação do Estado do Rio de Janeiro, conselheira do Conselho Nacional de Educação, secretária geral do Mobral (Movimento Brasileiro de Alfabetização), membro do Conselho Federal de Educação e, atualmente, atua na Fundação Cesgranrio.

Sartre, Jean-Paul (1905-1980): Filósofo e escritor francês, foi um dos principais representantes do existencialismo. Romancista, dramaturgo e crítico literário, Sartre conquistou o prêmio Nobel, em 1964, mas o recusou. *Crítica da razão dialética* sintetiza a filosofia política do autor. *O ser e o nada*, *A imaginação* e *O muro* são algumas de suas obras mundialmente conhecidas.

Sen, Amartya (1933): Economista hindu, professor de ciências econômicas na Universidade de Harvard, na Universidade de Oxford e de Cambridge, prêmio Nobel de Economia em 1998, é hoje um dos maiores especialistas do mundo a respeito das questões relacionadas à pobreza.

Singer, Helena (?): Socióloga, doutora em Sociologia pela USP, é diretora de Educação da Fundação Semco e diretora do Instituto Lumiar. Em 1997, publicou o livro *República de crianças: Sobre experiências escolares de resistência* (Hucitec/Fapesp), no qual analisa algumas iniciativas libertárias de ensino, as chamadas "escolas democráticas".

Souza, Paulo Renato (1945): Ex-ministro da Educação, é economista formado pela Universidade Federal do Rio Grande do Sul, obteve seu mestrado pela Universidade do Chile e seu doutorado pela Universidade Estadual de Campinas (Unicamp), onde é professor titular do Instituto de Economia. Na década de 1980, foi reitor da Unicamp, secretário de Educação do estado de São Paulo e presidente da Companhia de Processamento de Dados do Estado de São Paulo. É autor de vários livros e artigos.

Teixeira, Anísio (1900-1971): Educador brasileiro, desempenhou importante papel na orientação da educação e do ensino no país. Entre as muitas funções que exerceu, foi secretário geral da Coordenação de aperfeiçoamento de Pessoal de Nível Superior (Capes), diretor do Instituto Nacional de Estudos e Pesquisas Educacionais (Inep) e reitor da Universidade de Brasília. É autor de diversas obras.

Tolstoi, Leo Nikolaievitch (1828-1910): Brilhante escritor e pensador religioso russo. Nascido em família abastada, era proprietário de terras. No final da década de 1870 passou por uma crise espiritual, renunciando aos bens materiais e desprezando seus próprios livros. Voltou a escrever mais tarde, pregando que a salvação humana é obtida por meio do serviço ao próximo.

Toro, José Bernardo (?): Intelectual colombiano, é professor da Universidade Javeriana (Bogotá) e vice-presidente da Fundação Social da Colômbia. Estudou filosofia, física e matemática em cursos de licenciatura e fez pós-graduação em investigação e tecnologia educativa. Suas análises e reflexões sobre a educação na América Latina fogem dos padrões esquemáticos das visões tradicionais, enfatizando o papel da comunicação e da mídia para o desenvolvimento da democracia.

Torres, Rosa María (1950): Equatoriana radicada na Argentina, pedagoga, linguista e jornalista. Foi assessora da Unicef, diretora pedagógica da campanha de alfabetização Monsenhor Leonidas Proaño, no Equador (1988-1990), e de programas para a América Latina e Caribe da Fundação Kellogg (1996-1998). Além disso, atuou como pesquisadora internacional do Instituto Internacional de Planejamento Educacional (IIPE) da Unesco.

Touraine, Alain (1925): Francês, professor de história, doutor em Letras. Foi professor na Faculdade de Letras de Paris-Nanterre. É titular da Legião de Honra e da Ordem Nacional do Mérito, além de doutor *honoris causa* por diversas universidades europeias e latino-americanas. Foi presidente da Sociedade Francesa de Sociologia (1968-1970) e vice-presidente da Associação Internacional de Sociologia (1974-1978).

Vygotsky, Lev Semionovitch (1896-1934): Psicólogo, filólogo e médico, dedicou-se a temas como pensamento, linguagem e desenvolvimento da criança. De sua extensa obra, destacam-se: *Pensamento e linguagem (1934) e A formação social da mente.*

Especificações técnicas

Fonte: AGaramond 12,5 p
Entrelinha: 18,3 p
Papel (miolo): Off-white 90 g
Papel (capa): Cartão 250 g
Impressão e acabamento: Forma Certa